Hier handelt es sich um das Raukenblättrige KK (S. erucifolius). JKK und RKK sind sich in der Wuchsform sehr ähnlich. Im Unterschied zu JKK bildet RKK Rhizome. RKK blüht vier bis sechs Wochen später als JKK, die Stängelblätter sind lanzettlich zugespitzt, bei JKK rundlich und stark gefiedert.

Inhalt

Gesundheit und Pflanzen

2 **Giftpflanze bereits in Gemüsegärten. Auch in unserer Nahrung?**
6 **Jacobskreuzkraut, die gelbe Gefahr für Mensch und Tier**
von Sabine Jördens, Arbeitskreis Kreuzkraut e.V.
Wie alles begann
7 Kreuzkräuter - Wirkungsweise ihrer giftigen Inhaltsstoffe
9 Verbreitung und ihre Folgen
11 Stand der Forschung, Nachweise in Lebensmittel
15 Grenzwerte und Kennzeichnungspflicht
16 Bekämpfung und Entsorgung, Neue Ziele des AK KK
17 Erkennungsmerkmale

19 **Idealgewicht - BMI nach neuesten Erkenntnissen**
20 **Überlebensvorteile als Pummelchen?** *von Dr. med. Manfred Kemper*

23 **Epilepsie - eine Chance** *von Ilse Aubé*

26 **Energie und Krankheiten** *von Matthias Wohlfrom*

29 **Die Colon-Hydro-Therapie** *von Ulrike M. E. Schüle*
31 Dickdarm-Therapie mit gefiltertem Wasser
32 Die Divertikulose/Divertikulitis

34 **Die Macht der Rose** *von Bernd Heinze*

Klima, Umwelt, Natur und Tiere

36 **Mehr Energie wagen - Junge Bauherren...** *von Steven Michelbach*
37 **Mut zur Zukunft** *von Norbert Patzner*
40 **Die Gletscher erzählen die wahre Klimageschichte** *von Steven Michelbach*
46 **Offener Brief an den Umweltminister** *von Steven Michelbach*
48 **Das lebensnotwendige CO_2** *von Otto Hahn*
52 **Die Sonne steuert das Weltklima** *von Steven Michelbach*
53 **Windkraft, Solarkraft und Bioenergie** *von Steven Michelbach*
53 **Energiegewinnung & Natur, eine Mahnung** *von Reinhold Messner*

54 **Das Blockhaus am großen Flussbogen** *von Steven Michelbach*
56 **Welt der Wunder** *von Otto Hahn*
57 **Leben in der Taucherglocke - die Wasserspinne** *von Otto Hahn*
58 **Das Schulmärchen vom Sauerstoff - woher kommt er wirklich** *von Otto Hahn*

61 **Meine Igelkinder Raffaela & Trudi** *von Raja Hirzy*

64 **Wie im Kleinen, so im Großen** *von Nike Wolff*

66 **Glück im Unglück** *von Inge Leberle, Samtpfoten Katzenhilfe Ries e.V.*
68 **Wie ich Schatzmeisterin wurde** *von Inge Leberle*
69 **Wie Hugo und seine Geschwister gerettet wurden** *von Jenny Fitzel, Samtpfoten Katzenhilfe Ries e. V.*

75 **Hilfe bei/gegen Katzenallergie** *von Isabella Steiger*

Kreuzkraut im Salatanbau 11

Colon-Hydro-Therapie 29

Das Sauerstoffmärchen 58

Die Wasserspinne 57

Katzenallergie 75

Rote Seitenzahlen sind unsere Coverthemen

118 Erkenntnis durch Kampfsport

130 Naturgesetze & Dualität

112 Tomatenmus

Reise, Kunst und Rezepte

76 **Ein modernes Museum in einem ehemaligen Möbelhaus?** Führung durch das KunstMuseum Donau-Ries in Wemding *von Annette Steinacker-Holst*

82 **Mit der Harley in den USA** Bildbericht *von Helmut Hassel*

94 **Reise zur Tropfsteinhöhle** Toca da Barriguda, Brasilien *von Erika Rojas*

102 **Urlaub für Leib und Seele:** Serra sehen und riechen Portugals faszinierender Parque Natural da Serra de São Mamede an der spanischen Grenze *von Heidi Hahn*

112 **Tomatenmus** *von Heidi Hahn*

113 **Tomaten-Basilikum-Suppe** *von Heidi Hahn*

114 **Kur-Camping in Bad Wörishofen**

Lebenshilfe und Bärenstarke Weisheiten

117 **Glaube schafft Siegeskraft** *von Hans-Paul Schermer*

118 **Durch Kampfsport zur Erkenntnis:** „Der bedeutendste Kampf ist der mit uns selbst“ *von Béla Bartha*
122 **Vorbilder und Idole** *von Béla Bartha*
123 **Eine Begegnung mit Vitali Klitschko** *von Béla Bartha*
124 **Alles beginnt in uns selbst** *von Béla Bartha*

127 **Orientierung?**

128 **Der Sinn dieses Lebens**

130 **Naturgesetze und Dualität** *von Erika Rojas*

136 **Worte sind Energie** *von Mina Urban*
139 **Das Lächeln meiner Seele oder warum ich Bücher schreibe** *von Mina Urban*

142 **Wenn Engel sprechen...** *von Nike Wolff*
144 **Der Bettler** *von Nike Wolff*

146 **Preisrätsel**
147 **Impressum**

Wenn Engel sprechen 142

Jacobskreuzkraut, die gelbe Gefahr für Mensch und Tier

von Sabine Jördens, Arbeitskreis Kreuzkraut e.V.

Wie alles begann

Eigenartig war das schon, wie sie die Vorderbeine über Kreuz stellte. Es sah sogar lustig aus, weil es für ein Pferd völlig untypisch ist. Abgenommen hatte sie, meine liebe Trakehnerstute „Smarty", aber auch darum machte ich mir damals im Jahr 2007 noch keine Sorgen. Ich gab doppelt Heu und zusätzlich Heucobs, doch von Gewichtszunahme keine Spur. Sie nahm rapide ab. Dann kamen in unregelmäßigen Abständen diese seltsamen Kolikanfälle. Zum Beispiel abends, wenn ich sie in den Stall brachte, ging sie nicht zur gefüllten Futterkrippe, sondern legte sich stöhnend in ihre Box. Oje, dachte ich, Kolik, eine lebensbedrohliche Situation. Doch dieser Spuk dauerte nur einige Minuten, dann stand sie auf und alle Beschwerden waren vorbei.

Wir veranlassten eine Blutprobe und der Tierarzt korrigierte auch noch mal die Zähne. Mittlerweile sah Smarty ganz mickrig aus, verweigerte das Futter und stand teilnahmslos herum.

Drei Tage später früh morgens um 7 Uhr dann das Entsetzen. Smarty stand mit hängendem Kopf in der Box und bekam kaum noch Luft. Sie hustete immer wieder und Flüssigkeit und Schaum kamen ihr aus Maul und Nüstern. Sie versuchte zu schlucken, und ich bemerkte einen Kloß an der Speiseröhre an ihrer Halsunterseite, der sich dabei hin und her bewegte. Meine erste Vermutung war Schlundverstopfung, doch unser Tierarzt hatte eine andere todbringende Diagnose. Smarty hatte über Nacht eine so starke Kolik erlitten, dass die Gase und Flüssigkeiten aus dem Magen-Darm-Trakt nach oben gedrückt wurden und den Weg nach außen nur über Maul und Nüstern finden konnten. Es gab nicht die Spur einer Chance. Wir erlösten sie umgehend. Einen Tag später bekam ich das Ergebnis der Blutuntersuchung. Die extrem schlechten Leberwerte hatten zu dem sehr schnellen Verfall und dem Kollaps geführt. Eine Vergiftung kam in Betracht.

Auf der Suche nach der Ursache stieß ich auf eine mir damals völlig unbekannte Pflanze. Jacobskreuzkraut (JKK), *Senecio jacobaea L.*, in keinem meiner Pferdefachbücher als Giftpflanze erwähnt, aber auf unserem Paddock und den Wiesen zu Hunderten vorhanden. Nun kannte ich sie und sah sie plötzlich überall: an Autobahnen und an Straßenrändern, in Gärten und auf Stilllegungsflächen, auf Wiesen und Weiden und später auch in Heu. Damals hieß es noch, sie sei nur giftig für Pferde und Rinder. Heute wissen wir, dass auch Vögel und Bienen gefährdet sein können und die gefährlichen Inhaltsstoffe von Kreuzkräutern bereits in die menschliche Nahrungsmittelkette gelangt sind.

Kreuzkräuter - Wirkungsweise ihrer giftigen Inhaltsstoffe

In Deutschland gibt es ca. 25 Arten von Kreuz- bzw. Greiskräutern (*Senecio*). Die giftigen Inhaltstoffe dieser Korbblütler sind die sog. Pyrrolizidinalkaloide (PA). Ihr erstes Angriffsziel ist die Leber, denn hier werden die an sich untoxischen PA durch Stoffwechselvorgänge (metabolisch) toxifiziert, hier wirken sie stark schädigend bis hin zur Leberzirrhose. Im Endstadium ist das Zentrale Nervensystem zerstört. Der Grad der Toxizität wird bestimmt von der Menge der aufgenommenen PA und der Empfindlichkeit, die für die verschiedenen Tierspezies und den Menschen unterschiedlich ist. Sie kann von akut über subakut bis zu chronischen Schäden verlaufen.

Bei einer kurzfristigen Exposition einer geringen Menge an PA ist der Organismus in der Lage, diese Stoffe bis zu 80 % über Urin auszuscheiden. Dauert die Aufnahme jedoch an, werden auch kleine Mengen riskant. Die metabolische Toxifizierung setzt ein, der toxische Prozess nimmt einen progredienten Verlauf. Man spricht dann von der chronischen Vergiftung. Sie ist irreversibel.

Eine andere, eher selten auftretende Form ist die akute Vergiftung nach Aufnahme größerer Mengen in einem kurzen Zeitrahmen. Dieser Vergiftungstyp kann z.B. bei Pferden innerhalb weniger Tage zum Tode führen. Aus der Schweiz ist ein Vorfall bekannt, der diese akute Vergiftung beschreibt. Es handelte sich um eine Gruppe von 11 Islandpferden, die nach Ausbruch von der Koppel auf einer frisch gemähten Weide mit dichtem Besatz von Jacobskreuzkraut gefressen haben. Die Tiere haben das angetrocknete JKK gefressen, denn nach Trocknung verliert es seine Geruchswarnstoffe, nicht jedoch seine Giftigkeit. Zwei Pferden war trotz sofortiger tierärztlicher Bemühungen nicht mehr zu helfen, die anderen konnten durch Magenspülungen zunächst stabilisiert werden.

Pyrrolizidinalkaloide wirken genotoxisch, d.h. sie vernetzen sich mit der DNA, und die an sich sehr regenerationsfreudige Leber bildet neue Zellen krankhaft aus. Erste Symptome, die eine Diagnose ermöglichen würden, treten spät auf. Sicherheit gibt nur eine Leberbiopsie, erhöhte Blutwerte reichen nicht. Bei Pferden und Rindern dauerte es bis zu einem halben Jahr nach Absetzen des PA-haltigen Futters, wie aus Fütterungsversuchen in der Schweiz abzuleiten ist. Der Bezug zu Kreuzkraut ist längst verloren, Heilungschancen sind vertan. Als Mittel der Hoffnung gilt derzeit „Mariendistel", ein leberfunktionsunterstützendes Präparat, welches in der Human-Intensivmedizin bei Leberkrebs und Knollenblätterpilzvergiftungen eingesetzt wird sowie symptomatisch wirkende Arzneien.

Institut für Veterinärpharmakologie und -toxikologie, Zürich), http://www.vetpharm.uzh.ch/reloader.htm?giftdb/pflanzen/0038_vet.htm?inhalt_c.htm:

- *„24 Pferde und ein Esel wurden mit Senecio latifolius gefüttert. Die Tiere bekamen 170-737 g täglich während 46-100 Tagen. Ein Pferd fraß kein*

Senecio. Die anderen 23 Pferde starben wenige Tage nach dem Auftreten der ersten Krankheitssymptome, beziehungsweise 20-96 Tage nach Absetzen des Senecio-haltigen Futters (Craig & Kehoe, 1921)"

- *„Einem 180 kg schweren Rind wurden täglich 180 g Senecio jacobea über 38 Tage verfüttert, das heißt insgesamt 6.9 kg. Nach 54 Tagen erkrankte das Tier und starb am 55. Tag."*
- *„4 Herefordkälber (durchschnittlich 140 kg schwer) wurde 28 Tage lang mit 0.75 g getrocknetem Senecio jacobea/kg Körpergewicht (1.35 mg Pyrrolizidinalkaloide/kg Körpergewicht) und 4 gleichgewichtige Herefordkälber wurden 28 Tage lang mit 1.5 g getrocknetem Senecio jacobea/kg Körpergewicht (2.7 mg Pyrrolizidinalkaloide/kg Körpergewicht) gefüttert. Die Kälber mit der tieferen Dosis überlebten 98 Tage, diejenigen mit der höheren Dosis rund 40 Tage. Bis 2-3 Wochen vor dem Tod frassen die Tiere gut. Alle 20 Kälber wiesen eine Leberzirrhose auf (Johnson, 1982)."*

PA zeigen sich im Tierversuch an Ratten krebserregend. Das wird auch für den Menschen angenommen. Aber als würde das noch nicht reichen, Pyrrolizidinalkaloide sind auch embryonenschädigend, ebenfalls von dem Bundesinstitut für Risikobewertung (BfR) und der WHO bestätigt. Bei mehreren Kälbern, die 1-2 Tage nach der Geburt verstorben sind, ist der toxische Prozess an Föten nachgewiesen. Die Wirkung der PA auf die Muttertiere war zu gering, als dass sie mit erkennbaren Symptomen erkrankten, wohl aber die auf das Ungeborene.

Und so ist das auch beim Menschen anzunehmen, denn die kindliche Leber ist als Entgiftungsorgan noch nicht voll leistungsfähig.
Einige wenige literaturbekannte Erkrankungs- und Todesfälle an Kleinkindern gehen von einer sehr geringen Menge für eine letale Dosis aus.

Die unzureichende Gesamtdatenlage erlaubt keine exakten Angaben. In den Untersuchungen des BfR über eine 2007 in Handel geratene Salatmischung, kontaminiert mit Gemeinen Kreuzkraut *(Senecio vulgaris)*, wurden Schätzungen angenommen. Diese erfolgten aufgrund von Kräuterteegaben an Kleinkinder und ergaben eine grobe Orientierung. Die Kräutertees enthielten eine PA-haltige Pflanze:
"(...) Die geschätzte Aufnahme (...) führte bei einem zwei Monate alten Jungen in Dosen von 3 – 4,25 mg/kg KG/d über vier Tage zum Tode. Bei einem sechs Monate alten Mädchen führte sie in Dosen von 0,5 – 1,7 mg/kg KG/d über 14 Tage zu Aszites und Pleuraerguss, nach zwei Monaten zu einer Leberfibrose, die nach sechs Monaten in Leberzirrhose überging (...)."
(Quelle BfR, „Salatmischung mit PA-haltigem Greiskraut verunreinigt")

Bereits im Herbst 2007 entstand unsere Internetseite www.jacobskreuzkraut.de nach dem damaligen Stand von Wissenschaft und Forschung, Bestimmungshilfen mittels Fotos meiner gefundenen Pflanzen und Tipps zur Bekämpfung. Innerhalb kürzester Zeit bildete sich ein aktiver Arbeitskreis mit betroffenen Pferdehaltern, die alle in Unkenntnis von der giftigen Pflanze „überrollt" wurden und zum Teil über schwerwiegende Erkrankungs- und Todesfälle eigener Tiere zu berichten wussten, die sie vorher nicht zuordnen konnten. Erste Fragen tauchten auf, z.B. ob denn das Gift auch milchgängig sei oder ob Bienen die PA in den Honig einbringen könnten.
Auf Nachfrage bei der Rheinischen Friedrich-Wilhelms-Universität Bonn, Dr. Helmut Wiedenfeld, ehemaliger Direktor des Pharmazeutischen Instituts, wurde uns das bestätigt. Eine erschreckende Situation, denn das war bislang keineswegs offiziell bekannt. Im Gegenteil, auf einigen Webseiten von Landwirtschaftskammern stand 2007 noch geschrieben, Jacobskreuzkraut sei für Menschen ungefährlich und die Presse ließ verlauten, es sei noch kein Pferd daran gestorben.
Die Ausbreitung von Jacobskreuzkraut lief ungehemmt weiter.

Verbreitung und ihre Folgen

Unsere Recherchen im Internet ergaben, dass Jacobskreuzkraut u.a. Kreuzkrautarten, die alle auf gleiche Weise giftig sind, bis zu 4 % anteilig in Saatgutmischungen Bestand hatten, eine Änderung konnten wir 2009 erwirken. Solche Mischungen wurden im Straßenbegleitgrün eingesetzt, denn Jacobskreuzkraut ist eine gegen Klimaeinflüsse und Bodenbeschaffenheit höchst anspruchslose Pflanze mit gut verfestigendem Wurzelwerk. So eine „Helferin" ist vor allem bei Neuanlagen im Straßenbau sehr geschätzt. Zudem ist sie auch noch bildschön mit ihren leuchtend gelben Blüten, die einer Margerite ähneln, zahlreiche Insekten anlockt und resistent gegen Pilz- und Insektenbefall ist. Durchsetzen kann sie sich auch.

Im ersten Jahr schafft sie sich Platz mit einer breiten Blattrosette gegen Konkurrenten, die Blüte im zweiten Jahr kann bis zu 150.000 Samen ausbilden, Keimfähigkeit 20 Jahre. Die Verbreitung erfolgt durch Windflug, oder der Samen wird von Fahrzeugen und Bearbeitungsmaschinen kilometerweit mitgetragen.

Verbreitung an Straßenrändern

Landwirten wurden v.g. Mischungen zum Einsatz auf staatlich geforderten, wenngleich geförderten Stilllegungsflächen vorgeschrieben. Auf diesen Flächen durfte erst spät im Jahr gemäht bzw. gemulcht werden, so dass sich Kreuzkräuter mit Hauptblütezeit April bis Juli ungehindert versamen konnten. Die Vergessenheit darüber, dass es bereits in den 1950er und 1960er Jahren zu regional gehäuften Todesfällen bei Pferd und Rind durch Jakobs- und Alpine-Kreuzkräuter kam, ist der Flurbereinigung und Intensivierung der Landwirtschaft durch Spritz- und Düngemittel zu zollen.

Ackerbau bekam den wirtschaftlich höheren Stellenwert, Grünland und damit Rinderhaltung von Kleinbetrieben ging zurück.

Jacobskreuzkraut (JKK) und seine giftigen Verwandten waren fast vollständig verschwunden. Ebenso der ausschließlich von JKK lebende Nachtfalter Tyria jacobaea. Er bekam seinen Platz auf der Roten Liste. Eine Änderung der Gesetzeslage scheint nicht in Sicht, obwohl sich der hübsche karminfarbene Nachtfalter und seine gelb-schwarz gestreiften Raupen jedes Jahr milliardenfach in allen Ländern Deutschlands ausbreiten. Nahrung für Tyria gibt es genug, es sind insbesondere auf Naturschutz- und ökologischen Ausgleichsflächen teilweise hektargroße JKK-Monokulturen entstanden. Dennoch wird nur zugeschaut, denn JKK sei eine einheimische Pflanze und werde generell nicht bekämpft. Von biologischer Vielfalt kann dort keine Rede mehr sein, das Ziel Biodiversität ist schon lange verpasst.

Pressebeispiel Stiftung Naturschutz, Schleswig-Holstein: http://zeitungen.boyens-medien.de/aktuelle-nachrichten/zeitung/artikel/giftiges-kraut-breitet-sich-aus.html

Fotos: JKK in Hessen, JKK verdrängt alles

Auch veränderte Haltungsbedingungen und -anforderungen heutiger Zeit, insbesondere von Pferden (Freilandhaltung statt Stall), verbunden mit der in Vergessenheit geratenen Giftpflanze, Eigenbewirtschaftung ohne qualifiziertes Grünlandmanagement sowie Dauerstandweiden mit ganzjähriger Haltung bewirkte bei der Unkenntnis über die Toxizität eine Nichtbeachtung auf Wiesen und Weiden. Die weitverbreitete Meinung, Jakobskreuzkraut oder das sich in Bayern dramatisch ausbreitende Wasserkreuzkraut *(Senecio aquaticus)* werde im frischen Zustand vom Weidetier gemieden, trifft nicht zu, Todesfälle dazu sind bekannt und nachgewiesen. Jungpflanzen haben bis zu sieben Wochen keine fresshemmenden Warnstoffe, eine Gewöhnung an Bitter- und Aromastoffe älterer Pflanzen kommt hinzu. Kreuzkraut in Heu u.a. konserviertem Futter verliert diese, nicht jedoch seine Toxizität.

Jacobskreuzkraut in Heu und Silage verliert seine Giftigkeit nicht

Zu unserer Vereinsgründung im Februar 2009 luden wir länderübergreifend zu der ersten Tagung zu diesem Thema überhaupt ein. Kurze Zeit später fand ein Fachgespräch im Bundesforschungsinstitut für Kulturpflanzen, dem Julius-Kühn-Institut statt, einer selbständigen Bundesoberbehörde im Geschäftsbereich des Bundesministeriums für Ernährung und Landwirtschaft. Hier konnten wir mit einer Präsentation "JKK aus Sicht der Pferdehalter" überzeugen. Für den Arbeitskreis Kreuzkraut e.V. folgte viel Pressearbeit sowie Vorträge in verschiedenen Landesämtern für Landwirtschaft und auch für regionale Gemeinschaften. Es wurden Flyer und weitere Infomaterialien erstellt, welche online zugänglich sind. Die Besucherzahlen der Homepage und die zahllosen E-Mail-Anfragen sprechen für den extrem hohen Aufklärungsbedarf. Seitdem beschäftigt die Problematik der Pyrrolizidinalkaloide Experten aus Wissenschaft und Forschung, mittlerweile auf EU-Ebene.

Stand der Forschung, Nachweise in Lebensmitteln

Die Forschung läuft auf Hochtouren. Im Pflanzenreich treten PA häufiger auf, nahezu 500 verschiedene Typen Pyrrolizidinalkaloide sind bekannt. Von jedem einzelnen müsste das exakte Ausmaß an Toxizität bestimmt sein, um das Risiko beim Namen nennen zu können. Nicht alle sind und werden bestimmt.

Zunächst wurden Rohhonige und Pollen untersucht. Die teilweise hohe PA-Belastung bezieht sich lt. BfR auf Honige und Pollen ausländischer Herkunft (Australien und Südamerika). Native Pollen können extrem hohe Anteile von bis zu 3300 µg/g von Jacobskreuzkraut enthalten. Rein deutsche Honige scheinen unbedenklich, denn nach den bisherigen Erkenntnissen ist Kreuzkraut nicht besonders attraktiv für Bienen. Dennoch wurden PA aus Senecio-Arten bereits in deutschem Honig nachgewiesen.

Von Glück können wir reden, dass ein Imker aus Schleswig-Holstein seine Honigernte hat untersuchen lassen. Das Trachtgebiet seiner Bienen lag in der Nähe eines 15 ha großen Naturschutzgebietes mit Jacobskreuzkraut, gelb wie ein Rapsfeld. Der Honig, belastet mit 119 Mikrogramm pro Kilogramm, kam nicht in den Handel, sondern wurde über den Winter an seine 15 Bienenvölker verfüttert. Im Frühjahr waren fast alle Bienen gestorben. Seiner Vermutung nach starben die Bienen durch den PA-belasteten Honig, zumal eine anschließende Untersuchung auf die von Imkern gefürchtete Varoamilbe negativ war. In einem Informationsblatt des niedersächsischen Landesamts für Verbraucherschutz und Lebensmittelsicherheit (LAVES) heißt es: *„Untersuchungen der TU Braunschweig und des LAVES Institut für Bienenkunde Celle haben den Einfluss der PA auf die Honigbiene und das Bienenvolk näher beleuchtet. Dabei zeigte sich, dass Arbeiterinnen relativ tolerant gegenüber PAs sind und Konzentrationen bis zu 0,2% (entspricht ca. dem Maximalgehalt, der natürlicherweise in Pflanzen, z.B. Pollen, zu erwarten ist) in der Nahrung ohne gravierende negative Effekte überstehen können. Ein anderes Bild bietet sich jedoch für die Larvenstadien. Diese reagieren etwa 10 mal empfindlicher auf PAs als die adulten Bienen und sind dem Einfluss der PA auch wesentlich länger ausgesetzt, da sie in der Zelle während ihrer Fressphase im Futter „schwimmen" und die PAs nicht über die Kotblase entgiften können. Wenn nun zusätzlich zum Futtersaft (nahezu PA-frei, da über die produzierende Ammenbiene PA-entgiftet) PA-haltiger Honig und vor allem PA-reicher Pollen gefüttert werden, könnten unter ungünstigen Eintragsbedingungen PA-Level erreicht werden, die einen negativen Einfluss auf die Entwicklung der Larve haben."*

Im letzten Jahr wurden selbst für das BfR erschreckende Ergebnisse nach Untersuchungen von Tee bekannt. Das stichprobenartige Screening von über 200 Teesorten auf 17 bekannte PA ist nicht repräsentativ. Aber es wurden in Kamillen-, Brennessel-, Pfefferminz- und Melissentee u.a. Teesorten teilweise sehr hohe Belastungen festgestellt (bis zu 3428,8 µg/kg). Teilweise ging das Ergebnis aber auch gegen Null, da die Proben aus verschiedenen Chargen und daher aus unterschiedlichen Aufwuchs- und Erntebedingungen stammten. Das Bundesministerium für Ernährung, Landwirtschaft und Verbraucherschutz (BMELV) hat reagiert, indem sie die Lebensmittelunternehmen im Rahmen ihrer Sorgfaltspflicht zur Minimierung der PA-Gehalte in Tees angehalten hat. Ein Erfolg sei jedoch nicht kurzfristig zu bewirken. Die Belastung in Tee ist nach Dr. Andreas Plescher vom Deutschen Fachausschuss für Arznei-, Gewürz- und Aromapflanzen auf Fremdsamen im Saatgut, auf die sogenannte Mitbeerntung von Beikräutern (z.B. Jakobskreuzkraut) und auf fehlerhaftes Unkrautmanagement zurückzuführen. *Quelle: http://www.labo.de/tagungsberichte/pyrrolizidinalkaloide-zwischen-skandalisierung-und-bagatellisierung.htm*

Salat und Salatmischungen dagegen waren schon häufiger mit dem „Gemeinen Kreuzkraut" (*Senecio vulgaris*) verunreinigt, da im Anbau Herbizide ausscheiden und selektive Auswahl von Hand bei der Ernte angesagt ist. Die auch als „Gewöhnliches Kreuzkraut" bekannte Pflanze bildet mehrere Populationen im Jahr und ist als häufiges Ackerunkraut gefürchtet. Landwirte und Erntehelfer sind zwar speziell auf das Erkennen geschult, welches sich im Salatanbau als Problemunkraut darstellt. Ein Vorkommen in handelsüblichen Salaten sei aber grundsätzlich nicht auszuschließen.

Gemeines Kreuzkraut im Salatanbau

Der Übergang toxischer PA in Milch wurde von Dr. Helmut Wiedenfeld bei einem massiven Vergiftungsfall von Kleinkindern in Ägypten nachgewiesen. Die Kinder wurden mit der Milch von Ziegen gefüttert, deren Weiden intensiv mit dem Desfontanei-Kreuzkraut *(Senecio desfontanei)* kontaminiert waren. In Deutschland sind Vorkommen von PA in Milch derzeit nicht bekannt und bei gutem Weidemanagement auch wenig vorstellbar. Die Futterwiesen kreuzkrautfrei zu halten ist allerdings ein Kampf gegen Windmühlen. Zu stark ist das Ausbreitungspotential von Samen von unbewirtschafteten oder ökologischen Ausgleichsflächen und aus dem Straßenbegleitgrün. Und von dort droht schon die nächste Invasion. Das Schmalblättrige Kreuzkraut *(Senecio inaequidens)*, ein Einwanderer aus Afrika, hat von den gelbgesäumten Autobahnen das Ländliche bereits erreicht. Schwer auszumachen ist der hochtoxische Neophyt. Seine Wuchsform ist unscheinbar und im Grasbestand leider erst im blühenden Zustand sichtbar. Maßnahmen dagegen von Seiten der Regierung werden auch hier nicht vorgenommen. Dort gibt man die Verantwortung nach wie vor an private Flächenbewirtschafter weiter.

Die nächste Gefahr:
Schmalblättriges (auch benannt als Afrikanisches) Kreuz- bzw. Greiskraut (Senecio inaequidens) bildet keine Grundblattrosetten und ist in Wiesen aufgrund der Unscheinbarkeit erst zur Blütezeit sicher auszumachen.

Mutterkuhhaltung in JKK-Monokultur

JKK im Bio-Haferanbau

In einer Stellungnahme des Bundesministeriums für Ernährung, Landwirtschaft und Verbraucherschutz (BMELV) wird darauf hingewiesen, dass auch Vögel grundsätzlich gefährdet sind, wenn sie PA-haltige Pflanzenteile oder Insekten, die auf PA-haltigen Pflanzen leben, aufnehmen.
Etwa 150 Insektenarten leben auf JKK. Wie viele PA sie beinhalten, müsste noch erforscht werden.

Grenzwerte und Kennzeichnungspflicht

Einen Grenzwert gibt es nur für Phytopharmaka. Der Erlass wurde durchgesetzt, da ein 5-jähriges Kind durch einen Hustentee, der toxische PA enthielt, verstorben war. Bereits 1992 wurde festgelegt, dass Pflanzen und Zubereitungen hieraus nur in den Handel gebracht werden dürfen, wenn sichergestellt ist, dass die tägliche maximale Aufnahme an toxischen PA unter 1 Mikrogramm liegt. Die Einnahmedauer ist auf 6 Wochen pro Jahr zu beschränken. Während der Schwangerschaft und der Stillzeit dürfen diese Phytopharmaka nicht eingenommen werden (BAnz. Nr.: 111, S. 4805 vom 17.6.1992).

Bei Lebensmitteln können wir uns nur an Empfehlungen des BfR orientieren, wonach die Gesamtexposition des Verbrauchers mit gentoxischen und karzinogen wirkenden Pyrrolizidinalkaloiden aus verschiedenen Lebensmitteln so niedrig wie möglich zu halten ist: *„Nach dem gegenwärtigen Kenntnisstand sollte eine Tageszufuhr von 0,007 Mikrogramm PA/kg Körpergewicht (KG) bzw. 0,42 Mikrogramm PA für eine 60 kg schwere Person möglichst nicht überschritten werden. Eltern wird empfohlen, ihren Kindern nicht ausschließlich Kräutertees und Tee anzubieten, bis die PA-Gehalte seitens der Lebensmittelunternehmer minimiert worden sind. Schwangere und Stillende sollten bis dahin Kräutertees und Tee abwechselnd mit anderen Getränken konsumieren. Dies gilt auch für Personen, die den überwiegenden täglichen Flüssigkeitsbedarf mit Kräutertee decken. Bei der Zubereitung von Salat, Blattgemüse und Kräutern sollten grundsätzlich Pflanzenteile, die keinen essbaren Pflanzen zugeordnet werden können, aussortiert werden.*
Verbraucherinnen und Verbraucher, die Nahrungsergänzungsmittel auf Pollenbasis einnehmen, sollten sich bewusst sein, dass diese Produkte PA in höheren Konzentrationen enthalten können."
Honige sollen nach o.g Untersuchungsergebnissen vom Verbraucher selbst beurteilt werden. Auf dem Produktetikett ist kleingedruckt ihre Herkunft zu erlesen. Für Normalverzehrer mit durchschnittlichem Tageskonsum von 20g besteht nach derzeitigem Wissensstand kein gesundheitliches Risiko.

Warnhinweise auf Produkten, die möglicherweise PA-belastet sein könnten, gibt es nicht. Für Lebens- und Futtermittel gilt natürlich eine grundsätzliche Verpflichtung, diese giftfrei in den Handel zu bringen. Ob das machbar ist, ist angesichts der jahrelangen Ignoranz und Verlagerung der Verantwortlichkeit auf einzelne Bewirtschafter wie Pferdehalter zweifelhaft. Bleiben wir aber geduldig und hoffen, dass die Ausbreitung von Jacobskreuzkraut, der in Deutschland am weitesten verbreiteten PA-haltigen Pflanze, endlich gestoppt wird. Das ist aber Aufgabe aller Verantwortlichen. Die Bundesregierung sollte gesundheitsbringend die Richtung weisen.

Bekämpfung und Entsorgung

Die biologische Bekämpfung mit Tyria jacobaea scheint anfangs zu gelingen, doch nach Verpuppung der Raupe regeneriert sich JKK, treibt wie nach Schnittbekämpfung erneut aus und entwickelt sich meist von einer zweijährigen in eine leicht geschwächte mehrjährige Pflanze.

Raupen von Tyria jacobaea haben JKK zum Fressen gern, nach Verpuppung der Raupen regeneriert sich JKK

Resistent erscheinen Kreuzkräuter auch gegen Herbizide, denn nur zwei der im Handel erhältlichen Selektivmittel für Grünland versprechen einen Wirkungsgrad von 60 - 90 %. Selbst ein Totalherbizid erfordert in Teilen eine Flächennachbehandlung. Im Blühstadium der Pflanzen aufgebracht ist die Wirkung so zeitversetzt, dass sie noch aussamen werden. Einen Einfluss auf im Boden befindliche Samen haben Herbizide ohnehin nicht.

Ausgraben ist am effektivsten. Nur nichts im Boden belassen, sonst vermehrt man ungewollt durch Neuaustrieb der Wurzelreste. Auch Blüten von Flächen entfernen. Abschneiden und liegenlassen reicht nicht. Spätestens am zweiten Tag sind sie in sog. Notreife und versamen sich an Ort und Stelle.

Endgültig vernichten lässt sich Kreuzkraut nur im Restmüll, der der Verbrennung zugeführt wird, größere Mengen über Zertifizierte Kompostierungs- und Biogasanlagen. Eine Verrottung im Hauskompost oder auf dem Miststock ist nicht möglich, da dort die Vergärungshitze für Kreuzkräuter bei weitem nicht ausreicht.

Neue Ziele des AK KK

Die Ausbreitung von Kreuzkräutern ist natürlich nicht auf Deutschland beschränkt. Durch EU-weiten und internationalen Handel sind Lebens- und Futtermittel in Gefahr, mit toxischen PA verunreinigt zu sein. Die Fähigkeit, Kreuzkraut zu erkennen und ggf. zu bekämpfen, muss über die Landesgrenzen hinaus bekannt werden. Die wenigsten EU-Länder haben hier bislang Informationen. Der Arbeitskreis Kreuzkraut, im Ehrenamt tätig, möchte daher die Inhalte seiner Homepage in die Sprachen Englisch, Französisch und Spanisch übersetzen lassen. Das gilt es zu finanzieren, denn allein die Übersetzung in eine Sprache kostet ca. 1.500 Euro. Bitte helfen Sie uns. Mit der Vereinsgründung 2009 erhielten wir den Status der Gemeinnützigkeit; Spenden und Mitgliedsbeiträge sind steuerlich absetzbar.

Jacobskreuzkraut
Senecio jacobaea L.

Erkennungsmerkmale

Grafik © Arbeitskreis Kreuzkraut e.V.
www.ak-kreuzkraut.de

Blattrosette im ersten Jahr
Grafik © Arbeitskreis Kreuzkraut e.V.
www.ak-kreuzkraut.de

Jacobskreuzkraut
Senecio jacobaea L.

Kontakt

Arbeitskreis Kreuzkraut e.V.
Sabine Jördens (Vorsitzende)
Tel.: 05173 – 92 46 66
Internet: www.ak-kreuzkraut.de
E-Mail: kreuzkraut@ak-kreuzkraut.de

Eingetragener Verein
Vereinsregister VR 200391
Amtsgericht Hildesheim

Gemeinnützigkeit anerkannt
Finanzamt Burgdorf
Steuer-Nr. 16/200/97114

Bankverbindung
Volksbank Hannover e.G.
BLZ 251 900 01
Konto 610 111 900
BIC VOHADE2HXXX
IBAN DE13 2519 0001 0610 1119 00

Weblinks

Bundesinstitut für Risikobewertung (BfR) http://www.bfr.bund.de
NDR-Gesundheitsmagazin „Visite“ https://www.youtube.com/watch?v=qzv8xf1EbUA

IDEALGEWICHT

BMI
nach neuesten Erkenntnissen

Dr. med. Manfred Kemper

Überlebensvorteile als Pummelchen?

Eine kritische Bewertung des Phänomens Übergewicht

„Ich bin einfach nur zu klein für mein Gewicht!“ Diese Aussage, verbunden mit einem selbstironischen Grinsen, hört man häufig von übergewichtigen Mitmenschen.

Oft empfindet man Übergewichtler als überdurchschnittlich freundlich, quirlig, beweglich und kommunikativ, was sie auch von sich behaupten. Doch die Wissenschaft sagt etwas anderes: Die meisten Menschen, die mit Übergewichtsproblemen kämpfen, sind – vor allem, wenn sie allein leben – eher dysphorisch (missgestimmt) bis depressiv, eher passiv als aktiv, eher traurig als euphorisch. Die Überkompensation vorhandener (oder empfundener) Defizite gaukelt den Mitmenschen eine besondere Beweglichkeit, Freundlichkeit und Geselligkeit vor. Die Dekompensation kommt dann oft im stillen Kämmerlein, und mit zunehmender psychischer Belastung beginnt das berüchtigte Frustessen.
Da der Mensch evolutionär eine Süßpräferenz hat und Fett ein Geschmacks- und Geruchsträger ist, kann man sich leicht vorstellen, zu was man in solchen prekären Situationen greift: bestimmt nicht zu Möhren, Gurken, Äpfeln und Co.

Hinzu kommt oft noch ein Mangel an Bewegung und damit verbundenem Kalorienverbrauch. An dieser Stelle sei besonders betont, dass Mitmenschen, die (sich selbst) alleinerziehend sind und eine bestimmte genetische Disposition mit auf die Welt bringen, es besonders schwer haben, abzunehmen. Leider hält sich in der Literatur noch immer, sogar in der Wissenschaft, der sogenannte BMI. Die Abkürzung bedeutet Body-Mass-Index, ist also ein Maß für die Gesamtmasse des Körpers im Verhältnis zur Größe. Studien haben bewiesen, dass Menschen mit mäßigem Übergewicht (BMI zwischen 25 und 30) die höchste Lebenserwartung haben und nicht solche zwischen 20 und 25, wie früher oft gesagt und geschrieben wurde.

Selbst die Hirnforschung kommt heute zu dem Schluss, dass Molligere schwere Krankheiten schneller überwinden können, da ihr Körper auf Reserven zurückgreifen kann, die er für die Aktivierung von Selbstheilungskräften benötigt. Dazu kommt noch ein besserer Schutz vor Stress, der hauptverantwortlich für das Auftreten von Herzinfarkt, Schlaganfall und Depressionen ist (Cortisol!). Je mehr unser Gehirn arbeiten muss, um Stress abzubauen, desto mehr Energie braucht es durch eine erhöhte Nahrungszufuhr. Übergewicht bedeutet also bei vielen Menschen einfach nur: Stresskompensation.

Neben genetischer Disposition und evolutionärem Süßhunger ist Stress ein gefährlicher Dickmacher, dem wir gerade in der heutigen Zeit nur schwer entgegenwirken können. Hilfreich wären (ich gebrauche absichtlich den Konjunktiv) Stressabbau durch:

- Ruhepausen, Entspannungsmethoden
- mehr Bewegung
- besser (richtiger!) essen

Seit einigen Jahren sind toxische Substanzen in Kunststoff Gegenstand der weltweiten Adipositasforschung. Man kennt bisher rund 30 verschiedene „Dickmacher“ im Plastik – zum Beispiel Phthalate und das BPA. Sie befinden sich in größeren Mengen in Plastiktüten, Kunststoffverpackungen und -behältern. Von dort aus gelangen sie in die Nahrungsmittel. Phthalate sollen sogar impotent machen, daher vielleicht der Ausdruck „Weichmacher“. Viagra wäre in diesem Fall sicher nicht das geeignete Gegenmittel.

An dieser Stelle möchte ich, unterlegt durch eigene leidvolle Erfahrung, noch einmal betonen: Alleinerziehende haben es bei der Gewichtsreduktion besonders schwer, da die Eigenmotivation immer wieder durch den umtriebigen „inneren Schweinehund“ gestört wird.

Sollten Sie, liebe Leserinnen und Leser, der Wissenschaft glauben, sich aber so, wie Sie sind (BMI zwischen 25 und 30) unwohl fühlen, könnten Sie Ihrem Übergewicht dennoch in herzlicher Abneigung zugetan sein.
Pflegen Sie Ihre Reserven, und betrachten Sie sie als Pölsterchen für harte Zeiten!
Kümmern Sie sich nicht um Tausende von Ratgebern, ob Geschriebenes oder Personen.

Die Hauptsache: Sie fühlen sich wohl im Hinblick auf die Dreieinigkeit von Körper, Seele und Geist. Mehr dazu in meinem Buch: „Vieles hätte anders kommen können". Darin erfahren Sie übrigens auch, wie Sie einfach und vor allem dauerhaft abnehmen können.

Ich wünsche Ihnen viel Freude beim Lesen und guten Erfolg, Ihren BMI moderat auf unter 30 zu drücken!

Wittgenstein *Verlag*

Vieles hätte anders kommen können

von Dr. med. Manfred Kemper

Taschenbuch, A5
154 Seiten

ISBN: 978-3-944354-27-9
Preis: 12,80 €

Der Arzt Dr. Manfred Kemper berichtet humorvoll aus einem langen Medizinerleben mit Höhen und Tiefen, Erfolgen und Niederlagen.
Das Büchlein beinhaltet nicht nur autobiographische Fakten, sondern kann auch als kleiner amüsanter Wegweiser in die „richtige Richtung" gesehen werden.
Der Autor verbindet eigene Erfahrungen mit neuen medizinischen Erkenntnissen. Mit diesem kleinen literarischen Hausfreund für viele Gelegenheiten erhalten Sie interessante Informationen und viel Stoff zum Schmunzeln.

Von 0 auf 70

von Marie-Luise Welsch

Schöne und turbulente Lebensgeschichten, spannend erzählt, man möchte mehr davon. Kurzgeschichten, die durch ein ungewöhnliches Leben begleiten und Mut machen.

Taschenbuch, A5
134 Seiten

ISBN: 978-3-944354-01-9
Preis: 8,90 €

Manchmal muss man einen eigenen Weg gehen. Und manchmal hat man eine Vision, ein Ziel, und ist damit automatisch schon auf dem neuen Weg. Als der Wittgenstein Verlag vor wenigen Jahren gegründet wurde, war genau dies das Ziel: Neue Wege zu gehen. Einen Verlag zu gründen, der sich auf kleine, aber feine Themen, auf Nuancen spezialisiert, die in einem großen Verlag mit festen Programmschienen und lange geplanten Jahresprogrammen nicht möglich sind.
Die Wissensvermittlung sollte im Vordergrund stehen, wobei es weniger auf die Forschung, als vielmehr auf Spezialgebiete ankam. Entsprechend bietet der Verlag unter anderem eine Sparte Wissen, aber auch Tipps, Portraits, und mehr über Natur und Wissenschaft, kurz Nischen, auf die sich Menschen spezialisiert haben. Denn nicht nur die großen Dinge sind wichtig. Viele kleine, bemerkenswerte Gedanken und Ideen geben das große Ganze, wie das Leben ein einziger, stetiger Lernprozess, ein stets Sich-weiter-entwickeln ist. Letztendlich dient alles Wissen der Weiterentwicklung des Menschen, wenn es ihn unterhält, ihn dabei inspiriert, ihn nachhaltig beeinflusst, ihn zum Denken, zum Träumen oder gar zum Lachen anregt.
Neben Wissen und Unterhaltung war eines der weiteren wichtigen Ziele des Wittgenstein Verlages vor allem, abseits des Mainstreams neue Talente ausfindig zu machen. Doch das geht nur, wenn man gegebenenfalls zwischen den einzelnen Sparten denkt. Und schnell stellten die Macher des Wittgenstein Verlages fest: Abseits des Mainstreams ist ziemlich viel Erstaunliches und Großartiges geboten. Und fühlten sich deshalb bestätigt in ihrer Philosophie, kein Jahresprogramm festzulegen. Jedes Manuskript wird aufmerksam geprüft und was gut und erfolgversprechend ist, hat trotzdem eine Chance - auch wenn es in keine der bisherigen Kategorien passt. Gegebenenfalls wird dann eben eine neue Sparte eröffnet. Dies kommt nicht nur den Autoren entgegen, sondern vor allem den Lesern, da somit die Literaturlandschaft deutlich erweitert wird.
Noch ist der Wittgenstein Verlag ein kleiner Verlag mit einer überschaubaren Anzahl von Büchern. Aber so richtig groß soll er auch nicht werden. Weil man sich nicht dem Marktdruck beugen will, dem große Verlage ausgesetzt sind. Weil man so rasch und gezielt auf aktuelle Strömungen reagieren und Talente entdecken kann. Und über diese Talente gegebenenfalls sogar selbst neue Strömungen schaffen kann. Dies hat sich bereits nach kurzer Zeit herauskristallisiert. Und so darf man gespannt bleiben auf die Neuerscheinungen im Wittgenstein Verlag, die allesamt eines garantieren: Mehr als nur Wissen.

Erhältlich im Buchhandel oder direkt im Online Shop des Verlags unter:
www.wittgenstein-verlag.de

Ilse Aubé

Epilepsie - eine Chance

Durch Zufall ist mir das Buch „Epilepsie – einfach genial“ von Matthias Wohlfrom in die Hände gefallen. Zuerst einmal Danke an den Autor! Er hat alle die Erfahrungen, die ich sozusagen als mein eigenes Versuchskaninchen machen musste, zu Papier gebracht. 23 Jahre liegen jetzt hinter mir. Ja, die Epilepsie ist „genial“ in einer bestimmten Weise! Mein Wunsch wäre es, allen Epileptikern, die Leid und Ablehnung erfahren, durch diesen Zustand zu helfen und vor allem, sie zu stärken. Ihnen die Kraft geben, zu lernen, auf diesen Zustand stolz zu sein. Oder zumindest, besser mit ihm umzugehen.
Ich denke, wir Epileptiker machen oft einen großen Fehler: Wir haben Angst, uns zu outen. Doch gerade in unserer heutigen Zeit wäre es möglich, unseren Mitmenschen mit einer gut durchdachten, sensiblen Aktion diese Angst zu nehmen und die Menschen offener für diese Krankheit zu machen.

Epilepsie – eine Chance?

Epilepsie – wir wissen so wenig darüber. Oft ist es so, dass der Kontakt zu Menschen, die davon betroffen sind, vermieden wird. Warum ist das so? Speziell auf dem Land werden Epileptiker immer noch als Verrückte angesehen; in der Stadt werden sie eher ignoriert.

Ich bin seit zwanzig Jahren betroffen und suche nach Erklärungen, warum das so ist. Die Ausgrenzungen tun weh, ich kann das aus eigener Erfahrung sagen. Ich wollte mich aber nicht zufriedengeben damit, und so machte ich mich auf die Suche. Es musste doch eine Erklärung dafür geben, warum und wie es zu einem solchen Krampfgeschehen in meinem Gehirn kommt!
Vor 24 Jahren wurde ich zum ersten Mal mit der Epilepsie konfrontiert. Nach der schweren Geburt meines Sohnes und nach monatelangen schlaflosen Nächten hatte ich meinen ersten Petit-mal-Anfall – eine leichte Form der Epilepsie. Dabei kommt es zu Zuckungen der Oberarme, einem leichten Schmatzen und einem kurzfristigen Ausfall des Gehörs. Alle anderen Körperfunktionen sind voll intakt. Der Krampfzustand dauerte etwa fünfzehn Minuten, danach war alles wieder vorbei. Ich war nur völlig erschöpft und müde. Mein Körper sehnte sich einfach nach entspannendem Schlaf.

Zunächst bestand die Hoffnung, dass es ein einmaliges Geschehen sei. Leider wiederholten die Petit-mal-Anfälle sich – vor allem nachts.

Mein Hausarzt, den ich schließlich aufsuchte, war sich nicht ganz im Klaren darüber, warum und wieso der Krampf entstand. Er vermutete jedoch, dass das Geschehen von meinem Kopf ausging, und so wurde ich an einen Neurologen weitergeleitet. Dieser Facharzt erklärte mir dann bedeutungsvoll, es könne sich um einen epileptischen Anfall gehandelt haben, doch um sicherzugehen, müssten zunächst diverse Untersuchungen gemacht werden. Jetzt begann mein „neues Leben“: EEG, CT, MRT, Blutuntersuchungen, alle diese Untersuchungsmethoden, mit denen man im Gehirn etwaige Fehlfunktionen feststellen kann, wurden an mir durchgeführt.

Enddiagnose: Epilepsie.
Für mich war das ein Schock.

Foto: ©AlienCat-Fotolia.com
EPILEPSIE
auch als Gewitter im Gehirn bezeichnet

Epileptiker gibt es nicht viele, und wenn jemand davon betroffen ist, sehen die Mitmenschen ihn irgendwie als komisch und verrückt an und vermeiden Kontakt. Diese Auffassung war mir in meiner frühen Jugend vermittelt worden.

Ich war verzweifelt. Der Arzt beruhigte mich ein wenig und verschrieb mir Medikamente, die helfen sollten, dass es nicht mehr zu einem Krampf kam. Nachdem ein halbes Jahr später keine Besserung eingetreten war, wurden erneut Gehirnuntersuchungen durchgeführt. Beim CT fiel eine kleine Stelle in meinem Gehirn auf, ein Gewächs. Wahrscheinlich sei es diese Stelle, die zu den Krampfzuständen führe, meinte der Arzt. Sie sei auch der Grund, warum die Medikamente nicht halfen. Doch es gäbe die Möglichkeit, das Gewächs durch eine Operation zu entfernen. Man habe bei Epileptikern mit der Entfernung kleiner Tumore sehr gute Erfahrungen gemacht: Die Betroffenen könnten danach oft ein Leben ohne Anfall führen.
Die kurze Erklärung und die hilflosen Beruhigungsversuche des Arztes stürzten mich erneut in Verzweiflung. Eine Gehirnoperation in meinem Alter (mein Sohn war damals ein Jahr), eine Operation in der Schaltzentrale eines Menschen! Wie sollte ich damit weiterleben? Horrorszenarien machten sich breit in meinem Gehirn. Leider erhielt ich weder von meinem Mann noch von meinen Eltern Unterstützung.
Schließlich ließ ich mich von dem Arzt überzeugen und willigte in die Operation ein. Die Angst, die ich zwischen der Diagnose und der OP ausstand, kann sich kein Mensch vorstellen.

Die Kopfoperation war vorbei. Ich sah aus wie ein Boxer, der gerade einen blutigen Kampf verloren hat: kahlgeschoren, zwei große Narben auf der rechten Schädeldecke, blutunterlaufene Augen, der eine Arm leicht steif.
Die Nachbesprechung mit dem Chirurgen war nicht gerade beruhigend:
Das Äußerliche würde wieder in Ordnung kommen; es könne jedoch sein, dass Kurzzeitgedächtnis und Orientierungssinn etwas beeinträchtigt sein würden. Im Großen und Ganzen sei die Operation aber gut verlaufen.

Können solche Feststellungen dazu beitragen, dass man Hoffnung hat, wieder ein normales Leben führen zu können? Mir blieb nichts anderes übrig, als die Situation anzunehmen. Das fiel mir sehr schwer.
Ich hatte keine psychologische Betreuung. Im Gegenteil: Ich musste versuchen, meinem Mann und meinen Eltern *ihre* Angst und Hilflosigkeit zu nehmen. Aber wer war für *meine* Angst zuständig? Ich! Ja, ich selbst! Aber es bestand ja die Hoffnung, dass die Anfälle nicht wiederkommen würden …
Leider wurde sie nicht erfüllt: Die Anfälle kamen wieder. Immer, wenn ich Situationen mit starkem Stress erlebte, kam in der Entspannungsphase danach ein kleiner Petit-mal-Anfall.

Jetzt startete ich mein eigenes Versuchsprogramm: Ich besorgte mir Informationen, las unzählige Bücher, probierte Medikamente aus, ebenso alternative Heilmethoden.
Ein Buch half mir sehr auf meinem Weg, zu erkennen, wieso und warum es bei mir immer wieder zu diesen Anfällen kam: „Epilepsie und Angst“ von Prof. Strian aus München. Danach schien es so, als komme es bei mir durch verschiedene Ängste, mangelndes Selbstbewusstsein, ständige Ungeduld und den Drang, alles perfekt zu machen, zu einem Ungleichgewicht. Das hielt mein Körper auf Dauer nicht aus. Also gab er mir ein Zeichen: die Anfälle. Lange brauchte ich, um das zu verstehen. Es war ein weiter Weg, doch ich durfte dabei viel über mich lernen.

Ich nahm Kontakt zu einer Selbsthilfegruppe auf, doch dort bekam ich nicht viele Informationen. Die anderen Epileptiker waren zwar sehr hilfsbereit, doch keiner sprach wirklich über Hintergründe. Für mich war es wichtig, die Ursachen zu verstehen.
Neben einer genetisch vererbten Disposition gibt es, wie ich inzwischen weiß, Tumore oder Kopfverletzungen, die damit zu tun haben. Doch ich musste erkennen, dass auch psychische Probleme durchaus der Hintergrund sein können.

Was mir klar wurde: Die Operation vor mehr als zwanzig Jahren wäre nicht notwendig gewesen, wenn der Arzt damals eine Überwachung meiner Gehirnfunktionen über einen längeren Zeitraum hinweg durchgeführt hätte.

Es stellte sich heraus:
Das Gewächs war ein Gangliogliom gewesen. Eine kleine Fehlentwicklung im rechten Teil des Gehirns, die bereits während der Schwangerschaft meiner Mutter entstanden war, ausgelöst durch einen Schock im 8. Schwangerschaftsmonat. Das hieß für mich im Klartext: Das kleine Gewächs hatte mich mein Leben lang begleitet und war erst aktiv geworden, als ich unter enormem Schlafentzug litt, ausgelöst durch die Geburt und den nächtelangen Baby-Bereitschaftsdienst.

Letztlich hat die Epilepsie mich, so denke ich heute, auf einen anderen Lebensweg gebracht. Ich lernte mich besser kennen: meine Gedanken, meine Wünsche. Ich entdeckte ein neues Hobby – das Planen und Umbauen alter Wohnungen. Ich absolvierte eine Ausbildung zum Heilmasseur. Für mich war die Epilepsie die Chance, ein anderes, erfüllteres Leben zu führen. Doch der Weg dorthin war lang und schwer.

Es ist schade, dass es in der Öffentlichkeit zu wenig Information über die Epilepsie gibt. Unwissenheit erzeugt oft Abgrenzung und Angst. Schauen Sie bitte nicht weg, wenn Sie einen epileptischen Anfall erleben! Halten Sie den Betroffenen, und wirken Sie beruhigend auf ihn ein. Und: Erkundigen Sie sich bei ihrem Arzt, wie Sie sich bei einem Grand-mal-Anfall verhalten sollen.

So bewältigen auch Sie ihre Angst vor der Epilepsie.

Matthias Wohlfrom

Energie und Krankheiten

Was sind denn überhaupt Krankheiten - eine sehr interessante Frage:

Es handelt sich um den Komplementärbegriff von Gesundheit, aber es gibt keine klar definierten Grenzen, wo Gesundheit aufhört und in Krankheit übergeht!

Es handelt sich ja somit um eine Störung im optimalen Wohlbefinden des jeweiligen Menschen und aus diesem Grunde ist der Übergang auf jeden Fall individuell zu betrachten. Wenn der Standard-Mensch den Begriff ‚Krankheit' hört, so verbindet er ihn automatisch mit einem negativen Hintergedanken und denkt dabei mit hoher Wahrscheinlichkeit an ein Problem in seinem physischen Körper. Voraussichtlich wird es sich beim Auslöser der Krankheit um irgendein Virus oder irgendwelche Bakterien handeln und mit einem passenden Medikament vom Arzt kann man ja problemlos dagegen ankämpfen.

Die Schulmedizin beschäftigt sich schon seit Jahrhunderten mit verschiedenen Krankheitsbildern und versucht mittels genauer Analyse, alle jeweils erdenkbaren Ursachen zu erkennen und außerdem noch geeignete Therapien zu finden. Es besteht auch keinerlei Zweifel, dass sie dabei schon enorme Fortschritte verzeichnen konnte.

Auffällig ist hierbei jedoch, dass das Hauptaugenmerk fast ausschließlich auf physische

Aspekte gelegt wird. Ursachen für Krankheiten können nur existieren, wenn sie sichtbar und somit eindeutig wahrnehmbar sind.

In der heutigen modernen Welt beschäftigen sich immer mehr Menschen mit der jahrtausendealten Erkenntnis, dass es in unserem Universum auch Dinge gibt, die man eben nicht direkt darstellen kann. Es handelt sich dabei um diverse Energieformen, die man mit gewissen Übungen auch durchaus fühlen kann, obwohl man sie nicht sieht! Es handelt sich auch nicht nur um eine kleine Gruppe von Menschen, die solche Theorien vertritt, vielmehr sind es Völker und Religionen, die schon zu allen möglichen Zeiten auf der ganzen Welt verstreut existierten und deren Ansichten überraschenderweise zu großen Teilen sogar viele Gemeinsamkeiten aufweisen – obwohl es damals noch keine Telefone, Handys oder Internet gab.

Bei einer genaueren Betrachtung von Krankheiten kann man sehr schnell erkennen, dass es sich bei den physischen Ursachen eher um einen minimalen Teil zu handeln scheint.

In der wissenschaftlich anerkannten Definition wird Krankheit allgemein als eine Störung deklariert, die sowohl in der Funktion eines Organs auftreten kann, als auch in der Psyche oder im gesamten Organismus.

An einigen Beispielen soll im Folgenden gezeigt werden, dass solche energetischen Aspekte mit hoher Wahrscheinlichkeit doch existieren können:

- Es mögen in der Umwelt an diversen Stellen durchaus Bakterien und Viren vorhanden sein, aber es werden trotzdem nicht alle dort lebenden Menschen krank. Woher kommt diese teils vorhandene Immunität?

- Untersuchungen haben gezeigt, dass vor allem gestresste Menschen deutlich anfälliger für Krankheiten sind. So ist in Industrieländern die Krankheitsquote höher und auch die Krebsrate hat einen deutlich höheren Wert.

- In den letzten Jahren treten zudem auch spezielle Krankheitsbilder auf wie Schlafstörungen oder Burnouts / Nervenzusammenbrüche.

Heilpraktiker haben sich schon seit jeher mit energetischen Krankheitsaspekten, beispielsweise durch ausgelöste Schwingungen, beschäftigt. Diese lassen sich unter anderem durch Kinesiologie direkt wahrnehmen oder auch mittels Elektroakupunktur und Pendeln.

Vor allem im asiatischen Raum wird sogar von energetischen Meridianen ausgegangen, die den gesamten Körper durchziehen. Wenn diese Meridiane nun durch bestimmte Aspekte blockiert werden, so kommt es zum Auslösen einer Krankheit. Nun kann der Heiler durch Analysieren der auftretenden Symptome Rückschlüsse auf die gestörten Energie-Meridiane führen.

In meinem Buch ‚Epilepsie – einfach genial' versuche ich, anhand des Beispiels der angeblichen Krankheit Epilepsie zu verdeutlichen, dass es für einen Großteil der Betroffenen mit Sicherheit nachteilig wäre, wenn sie sich allein auf die Schulmedizin und ihre Medikamente verlassen würden.

Durch eine weitergehende Konzentration auf die vorhandene Energie im menschlichen Körper bei der Behandlung von Epilepsie kann in vielen Fällen sogar vollständig auf die Einnahme von anfallsunterdrückenden Medikamenten verzichtet werden.

Die immer zur Verfügung stehende Energie ermöglicht dem menschlichen Körper eine optimale Verteilung der vorhandenen Ressourcen zu jedem Zeitpunkt des Lebens.

Eine wichtige Voraussetzung hierfür ist natürlich, dass jedes Individuum auch blindes Vertrauen auf einen energetischen Weltaufbau zur Verfügung stellt. Hierbei handelt es sich eben um eine Stufe, die jedes Individuum mit sich selbst erarbeiten und erklimmen muss!

So wird letztendlich verdeutlicht, dass eine Krankheit also nur die Aufgabe hat, den jeweiligen Menschen mit diversen Signalen und Informationen zu versorgen.

Es bleibt jedem Lebewesen vollkommen selbst überlassen, ob es diese Daten annimmt und wenn ja, wie es sie jeweils interpretiert!

Ulrike M. E. Schüle

Die Colon-Hydro-Therapie

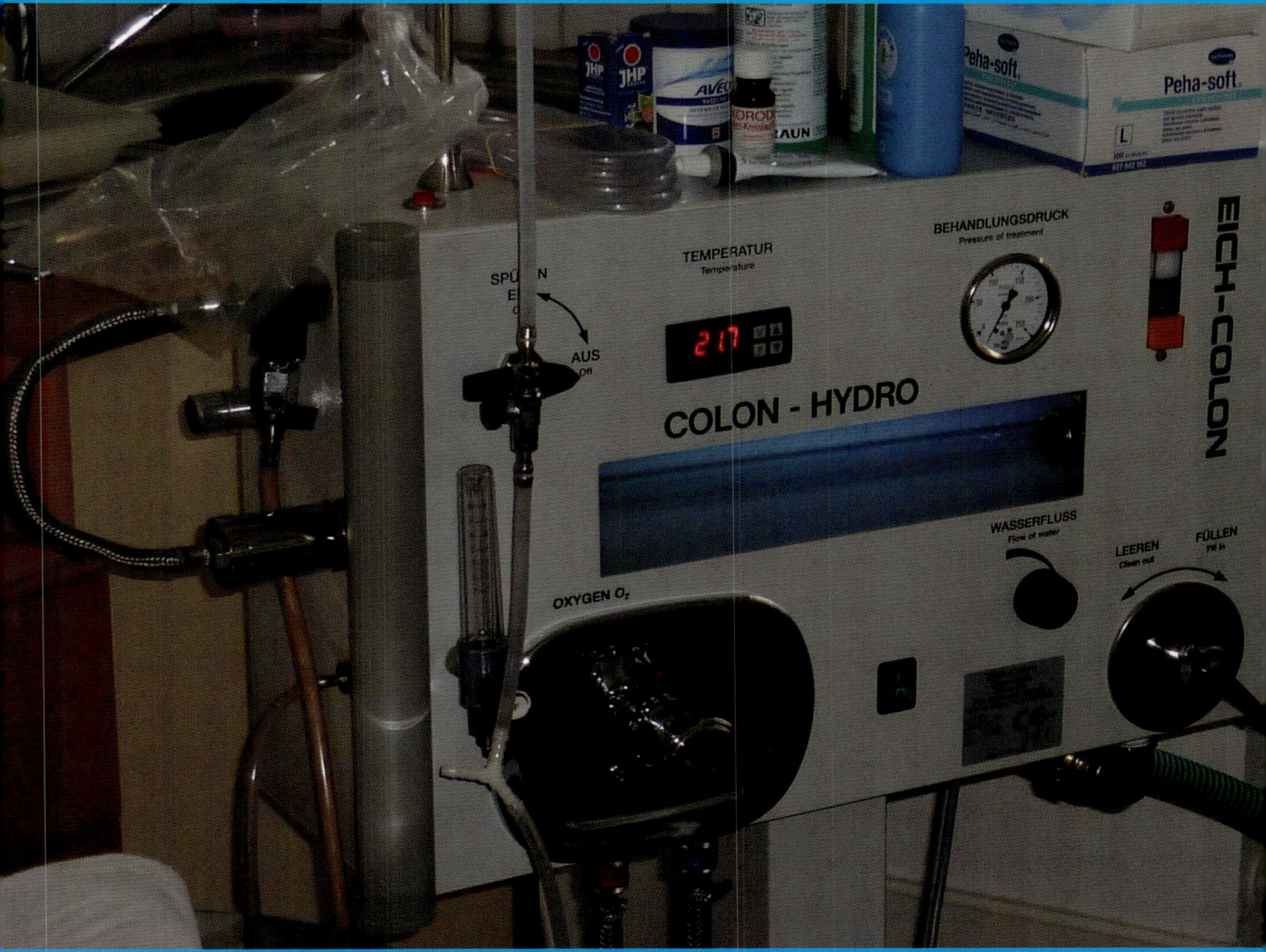

Gesundheit für Darm und Mensch - eine grundlegende, effiziente und zielführende Therapie

In über 37 Jahren meiner Praxistätigkeit habe ich keine grundlegendere, effizientere und zielführendere Therapie kennen gelernt und durchgeführt als die Colon-Hydro-Therapie (CHT).

Naturheilpraxis
Ulrike M. E. Schüle
Langestr. 12
76530 Baden-Baden
Telefon: 07221/9708430
www.colonhydro-therapie.de

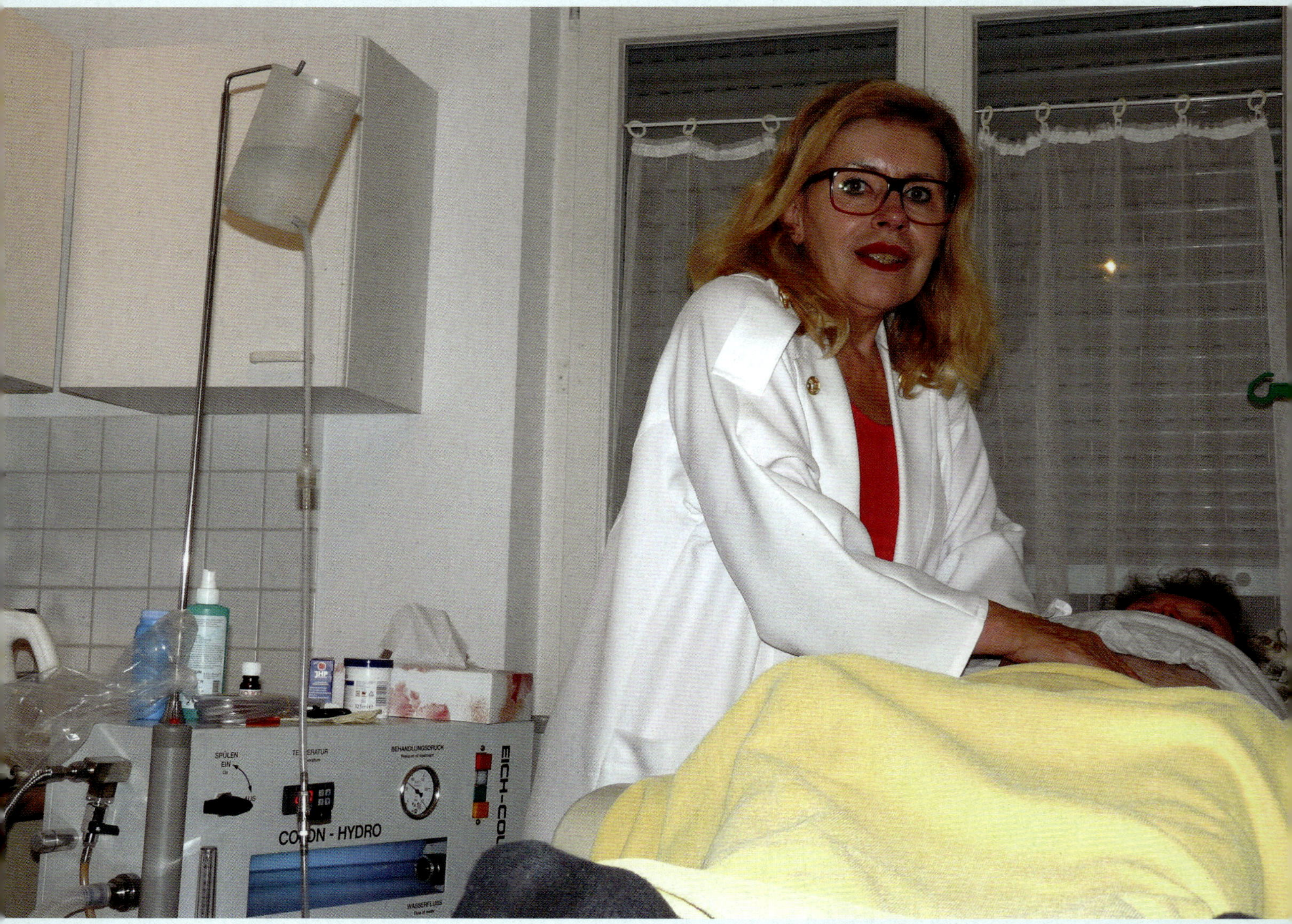

Wieso ist diese Therapieform so wenigen bekannt?
Warum gibt es so wenige Therapeuten, die diese Therapieform anbieten?

Die CHT ist sehr arbeitsintensiv und erfordert Erfahrung mit der Gerätschaft und in den Arbeitsabläufen.
Es ist eine der segensreichsten Erfindungen, die man sich vorstellen kann.

Die Therapieform wurde von der NASA Weltraumforschung entdeckt, als man Astronauten für die Flüge in das Weltall vorbereitete. Die Verbesserung der Fitness, des Wohlbefindens war verblüffend und so war eine neue Therapie erfunden.
Auch in Russland geht man zur Darmspülung, wie andere das Fitness-Studio besuchen.

Dickdarm-Therapie mit gefiltertem Wasser

Colon-Hydro-Therapie ist eine Möglichkeit der gründlichen Darmreinigung mit anschließender Darmsanierung. Es ist nicht mit einem Einlauf zu vergleichen.

Wer braucht die Colon-Hydro-Therapie?
Die meisten Menschen leiden an gestörter Symbiose, der sogenannten Dysbiose, der Störung der natürlichen Lebensgemeinschaft von Mensch und Bakterien. Durch sterilisierte und denaturierte Lebensmittel, fehlerhafte Ernährung und Lebensweise, Umweltbelastung, Gifte und Missbrauch von Medikamenten wird das Gleichgewicht zwischen Mensch und Bakterien zerstört. Die Folge ist das zunehmende Erlahmen der Abwehrkräfte im Organismus.

Mehr als 30 Prozent der Bevölkerung haben einen gestörten Stoffwechsel durch das Übergewicht krankheitsfördernder Darmbakterien.
Sauerstoff gelangt nicht mehr in ausreichender Menge ins Gewebe. Gift- und Abfallstoffe werden nicht mehr schnell genug abgebaut und ausgeschieden.

Es kommt zwangsläufig zur
"AUTO-INTOXIKATION",
der Selbstvergiftung des Körpers.

Vitalitätsverlust, Müdigkeit, Depressionen, Konzentrationsmangel, Aggressivität und Angstzustände können die Folge sein. Krankheiten, wie Infektionen, Entzündungen, Rheuma, Polyarthritis, Akne, Psoriasis, andere Hauterkrankungen sowie hoher Blutdruck, Migräne, Allergien und viele andere Beschwerden werden heute einem nichtfunktionierenden Darm zugeordnet.
Immunvorgänge im menschlichen Körper wurden lange Zeit vom Standpunkt der Infektion aus gesehen. Inzwischen ist jedoch hinreichend bekannt, dass eine enge Verbindung zwischen Stoffwechselvorgängen und Immunsystem besteht.
Das Immunsystem befindet sich zu 80 Prozent in der Wand des Dünn- und Dickdarms. Immunglobuline (Eiweißkörper mit Abwehreigenschaften) werden zum großen Teil im Darm gebildet.
Die Schleimhaut des Dickdarms ist das erste und wichtigste Verteidigungssystem gegen Giftstoffe. An zweiter Stelle erst folgen Leber, Nieren, Lymphe, Lunge und die Hautoberfläche.

Prof. Otto Warburg, Nobelpreisträger von 1931, hat bereits damals erkannt, dass ein durch einen gestörten Stoffwechsel im Darm geschwächtes Immunsystem die Entstehung und Ausbreitung von Krebszellen wesentlich begünstigt.
Weite Teile der Bevölkerung unserer zivilisierten Welt leiden an Obstipation (Verstopfung).
Der Darm hat seine normale Bewegungstätigkeit infolge jahrelanger Fehlernährung eingestellt. Schlacken, Inkrustierungen und verhärtete Substanzen in den Haustren (Darmtaschen) verhindern eine normale Peristaltik (rhythmische, wurmähnliche Bewegung des Darmes) und damit den Weitertransport des Darminhalts. Nur gerade immer stärkere Abführmittel mit ihrer zerstörenden Wirkung auf die Darmschleimhaut verschaffen noch einigermaßen Abhilfe.

Ein gesunder Darm bildet die Grundlage für einen gesunden Körper.

Was kann man dafür tun?

- Eine Säuberung des Darmes durch die Colon-Hydro-Therapie und Hinführung zur Normalisierung (Heilung ist nur möglich, wenn vorher eine Säuberung erfolgte)
- Ernährungsumstellung, zum Beispiel Metabolic Balance, ein Diätprogramm
- Arbeiten für die Gesundheit, zum Beispiel in Form von Bewegung

Die Divertikulose/Divertikulitis

Diese ist eine gutartige Veränderung des Dickdarmes. 5 Prozent der 40-Jährigen und erstaunlicherweise 60 Prozent der 65-Jährigen sind betroffen. Bei 25 Prozent dieser Menschen kommt es zu Komplikationen. An den Ausstülpungen der Darmwand kann man weder von der einen noch der anderen Seite der Medizin etwas verändern. Die schulmedizinische Behandlung kennt den Einsatz von Antibiotikum und dann der Operation.
Hier bietet die Colon-Hydro-Therapie eine absolute Alternative:

1. in der Prophylaxe generell - zweimal im Jahr - eine Serie von Darmspülungen, um eine Divertikulitis zu verhindern.
2. nach einem Schub, um die Kotsteine und Gärungsstoffe aus den Divertikeln zu entfernen.

Wie wirkt die Colon-Hydro-Therapie?
Sie entfernt auf wirksame Weise angesammelten, stagnierten Stuhl und Fäulnisstoffe von den Wänden des Darmes. Dieser natürliche Säuberungsprozess bewirkt, dass die Symptome, die entweder direkt oder indirekt mit dem Nichtfunktionieren des Darmes zusammenhängen, beseitigt werden.

Wie wird die Behandlung durchgeführt?
Der Patient liegt bequem in Rückenlage auf einer Behandlungsliege. Durch ein Kunststoffröhrchen fließt Wasser mit unterschiedlichen Temperaturen in den Darm ein. Über ein geschlossenes System wird das Wasser und der gelöste Darminhalt durch einen Abflussschlauch geleitet.
Mit einer sanften Bauchdeckenmassage kann der Therapeut vorhandene Problemzonen ertasten und das einfließende Wasser genau in diesen Bereich lenken.
Zusätzlich aktiviert er noch Akupunkturpunkte, um so den Darm in seiner Tätigkeit zu unterstützen.

Die Colon-Hydro-Therapie ermöglicht dadurch eine so intensive und gründliche Reinigung und Sanierung des Dickdarms, wie dies bisher nicht möglich war.
Die auflösende Wirkung des Wassers und die gleichzeitige warm-kühle Reizung des Darms bewirkt, dass dieser wieder zu arbeiten beginnt und selbsttätig den angesammelten und stagnierten Darminhalt weiterbefördert.
Es erfolgt ganz automatisch mit der Zeit eine Schleimhautreparatur, sodass auch die Vitaminproduktion im Colon wieder problemloser erfolgen kann. Auch wird der „undichte“ Darm im Reparaturprozess unterstützt.

Die Colon-Hydro-Therapie erzeugt keine Schmerzen oder Krämpfe und wird von den Patienten äußerst angenehm und wohltuend empfunden. Das geschlossene System verhindert, dass sowohl für den Patienten, als auch für den Therapeuten unangenehme Erscheinungen, in Form von Gerüchen etc. entstehen.
Die Darmflora wird nach der Therapie wieder mit guten Darmbakterien angereichert.

Grüße an die Seele

Berührende Zeilen
von Ulrike M. E. Schüle
45 Seiten, farbige Abbildungen

ISBN: 978-3-944354-18-7
Preis: 6,95 €

Dieses Buch eignet sich hervorragend als Geschenk zu Festen, als kleine Geste der Freundschaft oder als Mitbringsel bei Einladungen. Man hat, neben Blumen, die verblühen, eine Nachhaltigkeit geschaffen: als Trost in schwierigen Stunden, als Einschlafhilfe auf dem Nachttisch, zum Nachdenken in Stunden der Entspannung und als Wellness für die Seele.

Erhältlich im Buchhandel oder direkt beim Verlag unter:
www.wittgenstein-verlag.de

Großer Geburtstagskalender

Die Kraft der Liebe
mit Lebensweisheiten zum Thema,

Dauerkalender -
unabhängiges Kalendarium, zum Eintragen jährlich wiederkehrender Festlichkeiten wie: Geburtstage, Namenstage, Hochzeitstage ...

Spiralbindung und Lochung zum Aufhängen, stabiles und edles Material, 13 Doppelseiten A4, Maße aufgeklappt ca. 42cm x 30cm

ISBN: 978-3-944354-15-6
Preis: 14,90 €

3-fach-Klappkarten, innen und außen bedruckt, DIN A6 lang, jeweils mit gefüttertem Umschlag

Bestell-Nr.: G2 **Bestell-Nr.: G1** **Bestell-Nr.: M1**

Preis: 2,95 €

Dauerkalender mit Rosenschönheiten

zum Eintragen jährlich wiederkehrender Anlässe und Festlichkeiten wie: Geburtstage, Hochzeitstage, Namenstage ... Spiralbindung und Lochung zum Aufhängen, stabiles und edles Material, Maße ca. 30cm x 21cm

ISBN: 978-3-944354-14-9 *(Deutsch)*
ISBN: 978-3-944354-22-4 *(Englisch)*

Preis: 8,90 €

Abb. aller Kalenderblätter im Internet unter: www.wittgenstein-verlag.de

Die Macht der Rose

Ich hab ihr mal eine Rose geschenkt.
Sie hat errötend den Kopf gesenkt
und mich von unten angesehn.
Ich war entzückt, ich fand es schön.

Viele Jahre danach: Ein Primeltopf
flog gutgezielt an meinen Kopf.
Die Beule betrachtend hab ich gedacht:
was hat die Rose für eine Macht!

Bernd Heinze

Mehr Energie wagen – Junge Bauherren investieren in die Zukunft

von Steven Michelbach

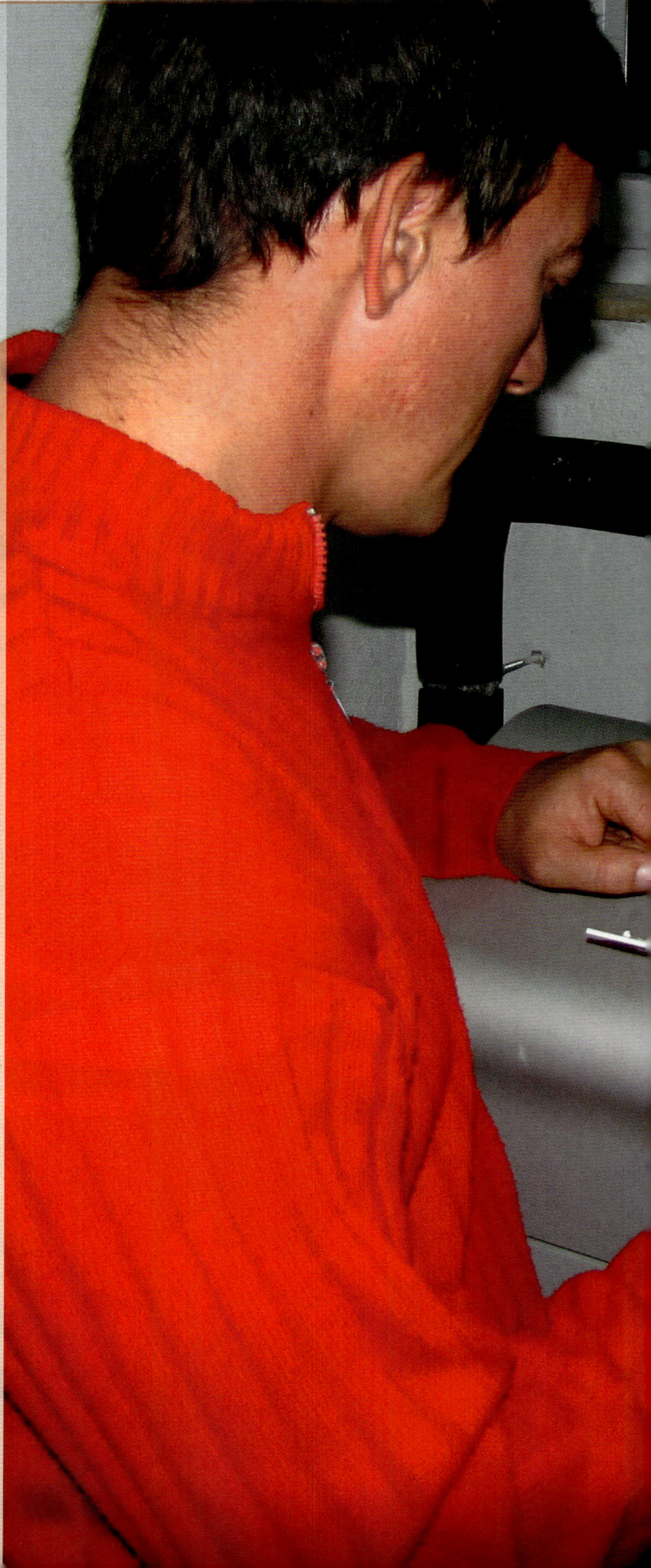

Die zukünftige Energieversorgung ist eine der wichtigsten Aufgaben der Menschheit. Dabei sind die Endlichkeit der Rohstoffe und die Auswirkungen der Energieerzeugung auf die Umwelt wichtige Argumente, um wirklich zukunftsfähige Technologien entwickeln zu können. Viele Bürger sind bereit diese neuen Technologien auch einzusetzen. Insbesondere bei Neubauten ist es interessant, die Fülle an bereits verfügbaren Lösungen zur Wärmegewinnung, Wärmespeicherung und Gebäudeisolierung zu sichten und passende Techniken auszuwählen. Das Foto zeigt einen verantwortungs- und umweltbewussten jungen Familienvater aus dem Main-Tauber-Kreis, wie er seinem Sohn die Energiegewinnung über Geothermie erklärt. Für das Eigenheim seiner Familie hat er ein persönliches Energiepaket aus moderner Technik geschnürt. Neben der obligatorischen gut dimensionierten Isolierung von Fassade und Dach und der ausgeklügelten Wohnraumbelüftung war es die Wärmegewinnung aus Erdwärme, die den Bauherren bei seiner Zukunftslösung faszinierte. In Absprache mit den Behörden konnte eine Tiefbohrung realisiert werden. In annähernd 100 Prozent der Zeit reicht die dadurch gewinnbare Erdwärme aus, um das Gebäude auf behaglichen Temperaturen zu halten. An extrem kalten Tagen kann über eine zentrale Holzheizung zusätzlich Warmluft im gesamten Gebäude verteilt werden. In Verantwortung für die Zukunft der nachkommenden Generationen war es für ihn leichter, die nach wie vor hohen Investitionskosten zu schultern. Die Frage nach der Wirtschaftlichkeit musste er allerdings negativ beantworten. Er hoffe aber mit seiner Investition damit beizutragen, dass neue Technologien immer kostengünstiger und sich deshalb zukünftig immer mehr rentieren werden. Nach seiner Überzeugung hat sein Projekt über die Grenzen seines Grundstückes hinaus sicher eine positive Umweltbilanz. Die Entscheidung mehr Energie zu wagen, war für ihn auf jeden Fall richtig. Das Beispiel zeigt, dass umweltbewusste Bürger die Erneuerbaren Energien dann annehmen, wenn Kosten und Umweltaspekte in einem angemessenen Verhältnis stehen.

Norbert Patzner

Mut zur Zukunft

Mut zur Zukunft

von Norbert Patzner

Viele können sich noch an die siebziger Jahre des letzten Jahrhunderts erinnern, als die öffentliche Meinung mit Schreckensmeldungen überhäuft wurde. Meinungsführer war der Club of Rome, der uns mit der Meldung schockierte, dass wir unsere gute Mutter Erde überfordern. Wir verbrauchen zu viel Rohstoffe, zu viel Öl, zu viel Wasser und so weiter …

Doch wie es so ist bei Problemen, die irgendwann später, in Jahrzehnten, kommen könnten: Sie verschwinden im Hintergrund. Was interessiert uns ein fernes Problem? Wir haben mit der Bewältigung des Alltags genug zu tun!

Zudem hat sich herausgestellt, dass man durch fleißiges Suchen noch viel mehr Rohstoffe finden konnte; der Zeithorizont für deren Versiegen wurde damit deutlich hinausgeschoben. Wir konnten also beruhigt zurückkehren zum „business as usual“. In der öffentlichen Diskussion versandete das Thema allmählich; es wurde von der Angst vor einer Klimaerwärmung abgelöst.

Nun ist es aber tatsächlich so, dass alle Rohstoffe auf der Erde in Bezug auf ihre Menge begrenzt sind, und da wir immer größere Mengen aus der Erde gewinnen, könnten sich bei einigen von ihnen irgendwann tatsächlich Verknappungen ergeben. Nur Außenseiter sind der Meinung, es gäbe auf Erden unbeschränkte Mengen an Rohstoffen.

Was passiert also, wenn eines Tages der eine oder andere Rohstoff knapp wird, wenn insbesondere fossile Energieträger wie Öl, Gas, aber auch Kohle, zur Neige gehen? Im Prinzip lag der Club of Rome mit seinen Warnungen ja richtig.

In die öffentliche Diskussion ist das Thema noch nicht zurückgekehrt. Doch weltweit beschäftigen sich viele Wissenschaftler und Forschungsinstitute mit dieser Frage, darunter renommierte „Think Tanks.“ Viele kommen zu dem erschreckenden Schluss, dass unsere derzeitige industriell geprägte Zivilisation in einer Zukunft, die nicht mehr fern ist, kollabieren könnte. Dabei handelt es sich nicht etwa um zweitrangige Institute, sondern um Unterorganisationen der Vereinten Nationen oder um das Potsdamer Institut für Klimafolgenforschung – eine der einflussreichsten Forschungseinrichtungen Deutschlands. Diese Institute sehen keinen anderen Ausweg als den Kollaps.

In der begleitenden Literatur wird davor gewarnt, dass Ende dieses Jahrhunderts nur noch für eine halbe oder maximal eine Milliarde Menschen Platz auf unserer Erde sein wird – nur noch etwa ein Zehntel der heutigen Menschheit.

Was bedeutet „Kollaps der industriellen Kultur“? Und wie können wir ihn abwenden? In erster Linie wird von den Wissenschaftlern empfohlen, unseren weltweiten Energie- und Rohstoffverbrauch zu senken. Zweitens soll die Produktion von Gütern aller Art dramatisch reduziert werden, damit die Erde wieder in ein Gleichgewicht kommen kann. Dies trifft in erster Linie „energieintensive“ Industriezweige, die so wichtige Produkte wie Dünger, Zement, Stahl, Aluminium oder chemische Produkte herstellen. Wir sehen: Die Kettenreaktion einer Deindustrialisierung kommt in Gang, welche die Grundlagen unseres derzeitigen materiellen Wohlstandes gefährden könnte. Aber wie viel Wohlstand brauchen wir eigentlich? Richtig ist, dass wir durchaus auf manche überflüssigen Produkte verzichten könnten. Aber wenn wir die industriellen Grundlagen zerstören, finden wir uns wieder in mittelalterlichen Bedingungen, und damit können wir nur noch einen Bruchteil der heutigen Bevölkerung ernähren.

Wir erfreuen uns an unseren Enkeln, unseren Kindern. Es ist ein beunruhigender Gedanke, dass diese offensichtlich keine Zukunft mehr haben sollen. Mit diesem Gedanken sollten wir uns nicht abfinden. Haben wir noch eine Chance? Können wir den Pessimisten und apokalyptischen Predigern etwas entgegensetzen?

Ja, wir können! Allerdings werden die Lösungen nicht vom Himmel fallen. Die Natur hat den Menschen mit großen intellektuellen Fähigkeiten ausgestattet. Damit ist sehr viel geschaffen worden, im Guten wie im Bösen. Diese Ressourcen gilt es nun richtig einzusetzen. Es gibt zwar keine Garantie, dass die vor uns stehenden Anstrengungen Erfolg haben werden, aber es gilt auch hier: Wer wagt, gewinnt. Beziehungsweise: Wer nicht wagt, hat schon verloren.

Wie verhindern wir den Kollaps der industriellen Kultur? Wenn wir nachdenken, kommen wir zu dem überraschenden Ergebnis, dass ausreichende Verfügbarkeit über Energie der entscheidende Schlüssel ist. Wir brauchen in Zukunft sehr viel mehr Energie – weltweit. Aber gerade die Energiequellen sind es doch, die bald versiegen werden.

Deshalb brauchen wir eine Energiewende. Allerdings eine Energiewende, die nicht zu einer Hälfte aus Energiesparen besteht und zur anderen aus ein paar unzuverlässig laufenden Windrädern. Wir brauchen den Mut, „mehr Energie zu wagen“. Teure Energie einzusparen ist wichtig und sinnvoll, doch die Lösung unserer gegenwärtigen und zukünftig sich immer mehr verschärfenden Probleme wird nur mit deutlich mehr Energie möglich sein.

Der wirtschaftliche Aufholprozess Chinas, Indiens, Südamerikas, Südafrikas und anderer Länder und der prognostizierte Zuwachs der Erdbevölkerung auf rund 10 Milliarden Menschen verlangen, dass wir Dünger produzieren, Meerwasser entsalzen, Wasser über Pipelines transportieren usw. – alles Prozesse, die Energie benötigen. Wenn wir unsere Bodenschätze schonen wollen, müssen wir dazu übergehen, Rohstoffe aus ausgedienten Produkten wiederzugewinnen. Doch auch das kostet Energie. Woher soll diese Energie kommen, wenn Öl-, Gas- und Kohlevorräte erschöpft sind?

Theoretisch haben wir auch ohne Öl, Gas und Kohle ausreichend Energie. Wenn wir allein das Potential der solaren Einstrahlung betrachten, welche die Erde erreicht, reicht dieses theoretisch problemlos, um unseren Energiebedarf zu decken. Doch die technischen und geopolitischen Randbedingungen sind keineswegs einfach. Es wäre deshalb zu begrüßen, wenn wir einen zweiten Prometheus hätten, der den Göttern eine neue Energiequelle entrisse. Doch die Angst vor grausamer Bestrafung scheint noch immer allgegenwärtig zu sein. Dennoch: Es gibt weltweit zahlreiche „Prometheuse“, die fast unbeachtet von der Weltöffentlichkeit an aufregenden neuen Energietechnologien arbeiten.

Mit Energie (im physikalischen Sinne) können wir viele unserer Probleme lösen. Es gibt aber noch ein anderes Problem: Die Herrschaft der Ideologen, der falschen Propheten und der Lobbyisten. Ihr mutig zu begegnen, verlangt ebenso viel Energie. Darum:
Auch hier müssen wir „mehr Energie wagen“!

Die Gletscher erzählen die wahre Klimageschichte

Klimarealismus statt Klimaalarmismus

von Steven Michelbach

Gletscher beeindrucken jeden Bergwanderer auf seinen Touren durch die Hochalpen. Ruhig und ehrwürdig liegen die Riesen der Eiszeit in ihren Trogtälern. Durch den Klimawandel sollen ihre Tage gezählt sein. Bald sollen sie endgültig abgeschmolzen sein, mit schwerwiegenden Folgen für den gesamten Alpenraum. Der Mensch sei mit seiner Wirtschaftsweise daran schuld. Wer genau zuhören kann, entlockt dem Gletscherbach, dem Atem so eines der Riesen, allerdings sensationelle Geheimnisse. Hier erfährt man die Wahrheit über ihre Lebenszyklen und somit die Wahrheit über die Klimaentwicklung Europas.

Ein exzellenter Kenner der Gletscherwelt ist Professor Dr. Gernot Patzelt vom Institut für Hochgebirgsforschung der Universität Innsbruck. Seine Forschungen seit über 40 Jahren belegen eindeutig, dass es in den letzten 10.000 Jahren in Europa immer wieder zu Kalt- und Warmphasen kam. Gletscher stießen mehrfach in die Alpentäler vor und schmolzen auch relativ rasch wieder ab. Äußerst spannende Forschungsbefunde sind Jahrtausende alte Baumstämme, die von den zurückweichenden Gletschern freigegeben werden. **Sie belegen, dass früher die Baumgrenze bis zu 300 m höher lag und es entsprechend deutlich wärmer war als heute.** Nur so konnten sich in so großer Höhe Bäume und gar Wälder entwickeln. Unter dem großen Pasterze Gletscher am Großglockner tauchen die Reste von Wäldern und Almweiden auf, wo heute nur Steine und Geröll liegen.

Die stark zurückschmelzende Gletscherzunge der Pasterze, Großglocknergebiet, mit der Schwemmebene, auf der die herausgespülten Baumreste abgelagert wurden. (Foto: G.Patzelt 10.8.1995)

In 65 Prozent der letzten 10.000 Jahre war es nach Erkenntnis des Gletscherforschers wärmer als heute, also auch in einem Zeitraum, in dem der menschliche Einfluss nicht gegeben war. Auch in Grönland liegt das Temperaturmittel der letzten Jahrzehnte ebenfalls deutlich innerhalb des natürlichen Schwankungsbereichs.

Die Hysterie, dass durch einen vom Menschen verursachten Klimawandel die Alpengletscher in den nächsten Jahrzehnten komplett abgeschmolzen sein werden, kann Prof. Patzelt aus den Befunden an den Alpengletschern realistisch betrachtet nicht herauslesen.

Der Klimaalarmismus mit seinen Schreckensmeldungen entpuppt sich häufig als Quelle aufreißerischer Berichte, die einer ordentlichen wissenschaftlichen Prüfung nicht standhalten. Sie sollen den Menschen suggerieren, dass ihre Lebensweise schlecht ist. Investitionen in vermeintlich ökologisch bessere Techniken sollen damit von der Allgemeinheit leichter getragen werden. Dem Bürger ein schlechtes Gewissen einzureden, war allerdings schon immer ein gutes Geschäftsmodell. Aber wie soll der Normalbürger, der unkundige Laie, damit umgehen?
Welchen Informationen soll er glauben?
Dem „Bauchgefühl" folgen, kritisch sein und sich unbefangen informieren ist oft ein guter Weg.

Im folgenden sollen einige Beispiele des Klimaalarmismus auf ihren realen Kern hin untersucht werden.

Bekanntestes Beispiel ist das Abschmelzen Grönlands. Zur Zeit schmelzen jährlich 250 Kubikkilometer Eis und fließen in gigantischen Strömen ins Meer. Dramatische Bilder diverser Naturzeitschriften kommen dem Leser vor Augen. Aber wie ist das zu bewerten? Wer nachfragt erfährt, dass der grönländische Eispanzer immerhin 3 Millionen Kubikkilometer groß ist. Sein komplettes Abschmelzen würde rechnerisch 12.000 Jahre dauern, ja zwölftausend Jahre, wenn diese „dramatische" Eisschmelze weiter so anhalten würde. Die Eisfläche Grönlands ist fünfmal so groß wie Deutschland. Bei der sommerlichen Schneeschmelze kommen ganz natürlich gigantische Wassermassen zusammen. Realistisch gesehen bedeuten 250 km^3 Eisverlust deshalb kein Drama für den grönländischen Eispanzer.

Zu diesem enttarnten Alarmbefund passt auch eine Meldung von „wetteronline.de" vom August 2014. Am East Novatak Gletscher in Alaska sollen bereits mehr als 1.000 Meter dramatisch abgeschmolzen sein, wie dem engagierten Bericht zu entnehmen war. Blickt man aber in Google-Maps auf das gesamte Einzugsgebiet dieses Gletscherriesens, so ist leicht zu erkennen, dass selbst ein Abschmelzen von 1.000 m realistisch gesehen für diesen Giganten von geschätzt 20 km Länge nicht so dramatisch ist. Wie im Alpenraum am großen Aletschgletscher oder dem Rhonegletscher ist in Alaska die gleiche natürliche Dynamik zu erkennen. Das Abschmelzen des Novatak Gletschers kann letztlich dem natürlichen Schwankungsbereich dieses Gletschers zugeordnet werden.

Wie die Forschungsergebnisse von Professor Patzelt aus dem Alpenraum belegen, kann ein Gletscher sogar innerhalb weniger Jahrzehnte weit vorstoßen und sich ebenso schnell wieder zurückziehen. Für 1880, 1920 und 1980 sind Vorstöße der Alpengletscher nachgewiesen. So bekommt man in den überzogen dramatischen Meldungen der heutigen Medien über die Gletscherschmelze nichts über die jungen, zeitnahen Gletschervorstöße zu hören oder zu lesen. Nur manch einer erinnert sich, dass man sich in den 70er Jahren gar ernsthaft Gedanken über eine drohende Eiszeit machte. Es wurden Szenarien diskutiert, ob man nicht durch Kohlenstaub die wachsenden Gletscher der Arktis wieder zum Abschmelzen bringen könnte. Innerhalb weniger Jahre, als die Gletscher begannen sich wieder zurückzuziehen, sprach man schon von der drohenden Klimakatastrophe durch globale Erwärmung aufgrund von CO_2.

Die Aussage, dass es während der letzten Jahrtausende noch nie so warm wie heute gewesen sei, widerspricht jeder wissenschaftlichen Grundlage. Denn nicht nur in den Alpen, auch in Alaska findet man in den Moränen der zurückschmelzenden Gletscher die Reste von ganzen Wäldern. Aus den Anden in Südamerika berichten Archäologen, dass vor 1.000 Jahren der Anbau von Quinoa, einer wichtigen Getreideart der Inkas, 200 m Meter höher in den Bergregionen stattfinden konnte als es heute trotz Klimaerwärmung möglich ist.

Ein weiteres Beispiel für Horroszenarien ist das Aussterben des Eisbären. Dramatische Szenen werden uns vor Augen geführt, wenn der vermeintlich letzte Bär einsam und chancenlos auf einer Resteisscholle balanciert. Die Wahrheit ist, dass der Eisbär seit ca. 600.000 Jahren als genetisch eigenständiges Tier existiert. Während dieses langen Zeitraumes war der Nordpol mehrfach eisfrei, ganz sicher in der Ehm-Warmzeit vor 130.000 Jahren. Damals war es deutlich wärmer als heute. Auch während der letzten 10.000 Jahre gab es am Nordpol Zeiten mit deutlich weniger Eis als heute. Dennoch ist der Eisbär nicht ausgestorben.

Die Tier- und Pflanzenwelt ist auf Klimaänderungen besser vorbereitet, als es der Mensch sich vorstellen kann. Unsere Lebenszeit ist viel zu kurz, um den Lebensrhythmus eines Gletschers zu verstehen. Viel zu kurz, um natürliche Klimaschwankungen zu erkennen. Viel zu kurz, um die gigantische Umformung der Erdoberfläche zum Beispiel durch die Plattentektonik

Zungenende des Gepatschferners, Ötztaler Alpen, im Jahre 1997, mit den Altersdaten der Baumreste, die innerhalb der Seitenmoräne von 1855 gefunden wurden. (Foto: G. Patzelt 18.9.1997)

auch nur im Ansatz zu erahnen. Schon für die Berechnung des Klimas einer Region sollte die Messreihe 30 Jahre umfassen. Das entspricht einer Menschengeneration. Ein Vergleich mit der „Jahresuhr" soll herausstellen, wie kurz dieser für uns eigentlich lange Zeitraum im Rahmen der noch viel längeren erd- und klimageschichtlichen Vorgänge zu verstehen ist.

Die ältesten Gesteine der Erde sind ca. 3 Mrd. Jahre alt, wir beginnen damit am 1. Januar der Jahresuhr. Für die Berechnung des Klimas, einer Menschengeneration, setzen wir 30 Jahre an. In der Jahresuhr schrumpft dieser Zeitraum auf nur eine Drittel Sekunde zusammen.

Erdgeschichtlich gesehen ist die Klimadiskussion der vergangenen Jahrzehnte deshalb wie ein „Fingerschnips" mit der Dauer von 0,3 Sekunden kurz vor 24 Uhr in der Silversternacht. Es ist deshalb nachvollziehbar, dass wir Menschen uns über Vorgänge der Erde, wie Klimaveränderungen, Sorgen machen, weil wir die zeitlichen Dimensionen gar nicht überblicken können. Nur wenige Wissenschaftler können den eigenen, systeminternen Takt von Klimaprozessen und die daraus abgeleiteten Ursachen des Klimawandels aufschlüsseln und verstehen.

Auffallend sei, dass die Zeiten mit wenig Eis in den Alpen mit den Zeiten grosser Sonnenaktivität zusam-

Stamm einer Zirbe (Pinus cembra) mit Wurzelansatz, unter dem Eis der Pasterze vom Gletscherbach herausgeschwemmt. (Foto: G. Patzelt 20.09.1994)

mentrafen, so die Erkenntnis eines weiteren Gletscherforschers der Alpen Prof. Dr. Christian Schlüchter Universität Bern. Das könne man mit der Messung von Nukliden im Boden (also bestimmter Atomsorten) zeigen, die in einem Zusammenhang zur Sonnenaktivität stünden. Nach seinen Erkenntnissen, die sich mit denen von Professor Patzelt decken, waren die Alpengletscher in der meisten Zeit der letzten 10.000 Jahre kleiner als heute. Während der Römerzeit gab es wohl nur kleine Reste in den höchsten Regionen. Der derzeitige Rückzug der Alpengletscher bewegt sich noch völlig im natürlichen Rahmen. In einem Interview in Bezug auf den Klimawandel, die Klimaforschung und den Einfluss der Menschen durch CO_2 äußerte Prof. Schlüchter folgendes Zitat: **„Die Erfindung des Teufels ist eine der größten Erfindungen der Menschheit. Man kann eine Menge Geld verdienen, wenn man den Teufel an die Wand malt!“**

Nicht wenige Wissenschaftler können dem nur zustimmen. Selbst nach jahrzehntelangen Forschungen bleibt es unverständlicherweise extrem schwierig selbst mit abgesicherten Erkenntnissen gegen den Mainstream der Treibhaustheorie anzukämpfen.

Seit Jahrmillionen beeinflusst die Sonne mit den ihr eigenen Rhythmen das Klima der Erde. Nur wer die Sonne und ihre Wirkungen auf die Erde versteht, versteht auch die Entwicklung des Weltklimas. Unsere Lebensweise ist sicher nicht umweltfreundlich, manchmal sogar katastrophal. Wir müssen dringend etwas ändern, damit das Aussterben so vieler Tier- und Pflanzenarten gestoppt wird. Aber dies über einen vermeintlichen Schutz des Klimas mit einer Umwälzung der Energieversorgung erreichen zu wollen ist der falsche Weg.

Es gibt zahlreiche Literatur, die die Zusammenhänge des Klimarealismus aufzeigen. Das Buch:„Fakten, nichts als Fakten!“ von Otto Hahn, im Wittgenstein Verlag erschienen, ist ein kompakter und fundierter Einstieg dazu. Bleiben sie realistisch. Lassen sie sich von Alarmmeldungen beim Klimawandel nicht so schnell einschüchtern. Vertrauen sie nur den tatsächlich wissenschaftlich belegten Fakten. **Die CO_2-Theorie ist seit über 100 Jahren nicht bewiesen und von vielen Wissenschaftlern, Physikern und Meteorologen, sogar widerlegt.**

Stamm einer Zirbe, die im Frühsommer 1626 vor Chr. vom Gepatschferner umgefahren und im Moränenmaterial eingelagert wurde. (Foto: G.Patzel 18.9.1997) Für die Altersdatierung sägen die Forscher eine Baumscheibe ab, um sie im Labor genauer untersuchen zu können.

Wie in vielen Regionen Deutschlands, so soll auch im Main-Tauber-Kreis der Aufbau der Energieversorgung mit Windkraft vorangetrieben werden. Aufgrund seines langjährigen Studiums der Klimaproblematik sah sich der Autor gezwungen, mit einem „Offenen Brief" Herrn Umweltminister Franz Untersteller von Baden-Württemberg darauf aufmerksam zu machen, dass das Argument „Windkraft schütze das Klima" wissenschaftlich nicht haltbar ist.

Der nachfolgende „Offene Brief" wurde am 27. Juli 2014 an den Umweltminister verschickt. Die darin geäußerten drei wesentlichen Fragen, die eigentlich Basis für diese umwälzenden politischen Entscheidungen sein sollten, damit längst geklärt sein sollten und kurzfristig hätten beantwortet können müssen, wurden bis heute Stand 31. Dezember 2014 nicht beantwortet.

Der Brief ging gleichzeitig an verschiedene Akteure für und gegen Windkraft im Main-Tauber-Kreis und als Leserbrief an die örtliche Tagespresse Fränkische Nachrichten.

Offener Brief zur Windkraftdiskussion in Bad Mergentheim an den Umweltminister von Baden-Württemberg Franz Untersteller

27.07.2014

Sehr geehrter Herr Minister Untersteller,

schade, dass mir bei der Podiumsdiskussion zur Windkraft in Bad Mergentheim durch den „Cut" das Wort entzogen wurde, obwohl mir meine Wortmeldung bereits signalisiert worden war. Dankenswerterweise gestatteten Sie mir aber dann, meinen Beitrag schriftlich an Sie zu richten:

Nach Ihren Worten sei die Energiewende vor allem zum Schutz des Klimas notwendig. Ziel der Podiumsdiskussion sei es, Argumente auszutauschen und über Sachfragen zu reden.

Der Einsatz der Windkraft zum Schutz des Klimas ist grundsätzlich zu hinterfragen. Zahlreiche wissenschaftlich abgesicherte Befunde aus den Glazialgebieten weltweit zeigen, dass es seit Jahrmillionen Klimaveränderungen gibt. Unter dem großen Pasterze-Gletscher am Großglockner taut aufgrund der natürlichen Klimaerwärmung eine fossile Landschaft aus. Vor Jahrhunderten wurde hier noch Almwirtschaft betrieben und es standen Wälder, wo erst vor kurzem noch der Gletscher lag. Gletschervorstoß und -rückzug sind ganz natürliche Vorgänge und passieren sehr schnell innerhalb von wenigen Jahrzehnten! Das Klima der letzten Jahrzehnte bewegt sich im Rahmen dieser natürlichen Schwankungen, auch in seiner Dynamik.

Für die Klimageschichte Mitteleuropas wurde nachgewiesen, dass der Wechsel von kälteren und wärmeren Perioden sehr schnell passieren kann. Es gab sehr trockene Zeiten mit Hungerernten, extrem kalte Winter, dann wieder extrem warme Winter, heiße Sommer, extremes Hochwasser etc.. Insgesamt ist das Wetter, wie wir es in den letzten Jahrzehnten erlebt haben, als normal und natürlich einzustufen, auch wenn bei manchen Ereignissen, wie schon früher auch, sehr viel Leid und hohe Sachschäden auftraten.

Klimaänderungen sind nach neuesten wissenschaftlichen Erkenntnissen vor allem auf Schwankungen der Sonnenaktivität zurückzuführen. Änderungen der Solarstrahlung erschienen zunächst unbedeutend, weshalb die Sonnenaktivität bei den Klimamodellen geringe Berücksichtigung fand. Mit vielen Millionen an Forschungsgeldern hat man inzwischen nachgewiesen, dass unser Zentralgestirn der wesentliche Antrieb des Weltklimas ist. Ursache sind zyklische Schwankungen der UV-Strahlung, des Sonnenwindes und des Sonnenmagnetfeldes. Aktuelle Forschungsergebnisse zum Klimawandel finden Sie unter anderem auf „klimaargumente.de".

Kohlenstoffdioxid, CO_2, soll in der oberen Atmosphäre wie ein „Deckel" die Wärmestrahlung zurückhalten und die Atmosphäre aufheizen. Physiker widersprechen dieser Theorie vehement, da sie nicht mit den Grundsätzen der Thermodynamik vereinbar ist. Wärmestrahlung entweicht sehr wohl trotz CO_2 in den Weltraum. Was mich persönlich am meisten irritiert ist, dass es für die Theorie des Treibhauseffektes, für die Klimawirksamkeit des CO_2, bis heute keinen wissenschaftlichen Beweis gibt!

Die tatsächlich gemessene, globale Temperatur weicht von Jahr zu Jahr immer weiter nach unten von den Modellvorhersagen ab, was auf falsche Modellansätze hindeutet. Fakt ist, dass seit 20 Jahren, seit einer Abschwächung der Sonnenaktivität, die globale Temperatur stagniert, Tendenz sogar leicht rückläufig. Die Eisbedeckung in der Antarktis ist heute so groß wie seit 30 Jahren nicht mehr. Das Meereis am Nordpol hat scheinbar einen Minimumpunkt überschritten und dehnt sich wieder aus, Zunahme 2012 50 Prozent. Im gesamten Alpenraum wird seit 20 Jahren eine Zunahme von kalten und schneereichen Wintern registriert. Klimaforscher sagen eine Klimaabkühlung von global 1 Grad Celsius in den nächsten Jahrzehnten voraus.

Nun zu meinen Fragen sehr geehrter Herr Minister:

Basiert die Energiewende tatsächlich auf der bis heute wissenschaftlich nicht bewiesenen Theorie des Treibhauseffektes? Welchen Einfluss auf die Energiepolitik der Landesregierung hätte die Erkenntnis, dass das CO_2 kein „Klimakiller" wäre, sondern eher nur eine unbedeutende Wirkung im natürlichen Klimageschehen der Erde hätte. Welchen Einfluss hätte diese Erkenntnis auf den Ausbau der Windkraft im Main-Tauber-Kreis?

Steven Michelbach

Foto: © Steven Michelbach

Foto: ©moonrun-Fotolia.com

Otto Hahn

Das lebensnotwendige CO_2 – zum Giftgas und Klimakiller degradiert

Weil ein paar selbsternannte „Klimawissenschaftler“ vor Jahren wider besseres Wissen CO_2 (Kohlenstoffdioxid) zum Giftgas und Klimakiller ernannten, hat sich diese unsinnige Behauptung so in den Köpfen der Journalisten festgefressen, dass sie fast täglich diesen Unsinn in den Medien verbreiten und damit Panik machen, obwohl sie nach dem Gesetz weder Meinung bilden noch Panik machen, sondern lediglich informieren sollen. Die Verbreiter von CO_2-Lügen wider besseres Wissen haben nicht die geringste Ahnung, wovon sie diesbezüglich reden und schreiben.

Auch eine ARD-Nachrichten-Journalistin begann Anfang Juli 2009 die 20 Uhr Tagesschau mit den irrigen Worten „Das Giftgas CO_2…“. Und die Biologin und Landes-Vorsitzende des BUND Baden-Württemberg sagte am 03.01.2010 auf den Naturschutztagen in Radolfzell vor laufender Kamera des SWR-Fernsehens: „…Wir fordern vom Land weitreichendes Handeln. Dazu gehört für uns ein Klimaschutzgesetz, das CO_2 als Schademission anerkennt, und wir fordern …das Schaffen dezentraler Strukturen für ein CO_2-freies Land Baden-Württemberg“.
Solche Worte aus dem Mund einer Biologin sind nicht zu fassen. Ich schrieb ihr damals, dass ohne CO_2 kein Leben auf der Erde möglich ist, und dass wir alle sterben müssten, wenn Baden-Württemberg CO_2-frei wäre.
In ihrer Antwort-Mail behauptete sie, dass sie sich bei ihrer Rede versprochen hätte.
CO_2 ist k e i n Giftgas!
Es ist ungiftig, nicht brennbar, geruchlos sowie farblos und lässt sich aus Gefäßen umgießen. Es ist **1,53-mal schwerer als Luft** und sammelt sich deshalb in vertieften Stellen, zum Beispiel in Kellern, Senken, Höhlen und Brunnen. Und weil es 1,53-mal schwerer ist als Luft, verdrängt es in vertieften Stellen

die Atemluft. Es kann also aufgrund seiner Schwere nicht in die höhere Atmosphäre aufsteigen und lagert als H_2CO_3, als Kohlensäure, in den Tiefen unserer Ozeane.
Trockeneis besteht ausschließlich aus CO_2. Es entsteht, wenn unter Druck verflüssigtes CO_2 wieder entspannt wird.
Auch zum Beispiel Bier, Cola, Mineralwasser oder Sekt usw. werden/sind mit CO_2 versetzt zu kohlensäurehaltigen Getränken. CO_2 plus Wasser (H_2O) = H_2CO_3, also Kohlensäure. Würde auf diesen Getränke-Flaschen stehen: „enthält CO_2", würde sie heute wohl niemand mehr trinken, weil die irrige Meinung vom giftigen CO_2 die Verbraucher völlig verwirrt hat.

CO_2 entsteht durch Gärung, zum Beispiel in Weinkellern, Futtersilos, Jauchegruben...und es tritt an vielen Stellen aus der Erde, beispielsweise aus Vulkanen.
Menschen (3,9 Prozent) sowie Tiere atmen CO_2 aus, aber auch Pflanzen atmen bei Nacht/im Dunkeln CO_2 aus.
CO_2 ist Pflanzennahrung, also ein natürlicher Dünger. Es wird von Pflanzen umgewandelt in Kohlenhydrate und dient ihrem Wachstum. Deshalb sind Biologen und Gärtner der Ansicht, dass die Erde mehr CO_2 braucht, damit Pflanzen besser und schneller wachsen. Inzwischen hat man wieder entdeckt, was man vor Jahrzehnten schon wusste und praktizierte: die Pflanzen-Düngung in Gewächshäusern mit CO_2. Meist ist der CO_2-Gehalt in Gewächshäusern geringer als im Freien. Ist der CO_2-Gehalt aber höher, kann die Leistung der Photosynthese optimiert und die Produktivität gesteigert werden. Dadurch wird die Kulturzeit verkürzt und die Qualität verbessert, und das alles ohne zusätzliche, herkömmliche Düngung.
Pflanzen können anorganische Stoffe in organische umwandeln. Diese Umwandlung ist möglich mit Licht und mit Hilfe des Chlorophylls (Blattgrün) als Katalysator. Bei der Assimilation des Kohlenstoffs wird das Kohlenstoffdioxid (CO_2) der Luft – zusammen mit Wasser – unter Abgabe von Sauerstoff zu Kohlenhydraten (z. B. Traubenzucker, Stärke) aufgebaut, die der Pflanze als natürliche Nahrung dienen.

In unserer Umgebungsluft sind ca. 400 ppm CO_2 enthalten. Der für Pflanzen optimale Anteil an CO_2 liegt jedoch bei 800 bis 1.000 ppm (ppm = parts per million = Teile pro Million; 1 ppm = 1 / 1.000.000). Durch Anreicherung der Gewächshaus-Atmosphäre mit CO_2 auf dieses Niveau kann das Pflanzenwachstum auf natürliche Art und Weise um bis zu 40 Prozent gesteigert werden. Diese Technik bezeichnet man als CO_2-Düngung. Mehrere Firmen, zum Beispiel Carbagas (www.carbagas.ch/CO2-Duengung), bieten Anlagen zur Gewächshausdüngung mit CO_2 an.

Wie schon erwähnt, kommt CO_2 in der Atmosphäre als Spurengas mit einem sehr geringen Volumenanteil von 0,040 Prozent vor. Laut Bundesumweltamt betragen die technischen CO_2-Emissionen, also das menschgemachte CO_2, nur 1,2 Prozent der natürlichen. Das heißt, der anthropogene Anteil beträgt 1,2 Prozent von 0,040 Prozent, gleich 0,00048 Prozent, aufgerundet gleich 0,0005 Prozent. Dieser vom Menschen verursachte Anteil ist derart gering, als ob die Vibration einer zirpenden Grille ein Erdbeben auslösen könnte. Im Klartext: dieser vom Menschen gemachte Anteil von 0,0005 Prozent hat nie und nimmer eine Auswirkung auf unser Klima.
Bis zur Stunde gibt es keinen wissenschaftlichen Beweis dafür – und es wird auch in Zukunft keinen geben, dass CO_2 für das Klima schädlich ist. Es gibt kein irdisches Treibhaus, wie immer wieder von den selbsternannten „Klimaforschern" behauptet wird, sondern ein offenes Ökosystem. Der Beweis, dass es keinen Treibhauseffekt gibt, ist die nächtliche Abkühlung der Atmosphäre, besonders bei wolkenlosem Himmel.

Zum Thema des imaginären Glasdaches eines irdischen Treibhauses schreibt der Diplom-Meteorologe und Physiker Dr. Wolfgang Thüne in seinem Buch *„Propheten im Kampf um den Klimathron"*: „Man behauptete, dass das imaginäre Glasdach dieses ‚Treibhauses' die Temperatur-Strahlung der Erde daran hindere, in das Weltall zu entweichen. Dass das barer Unsinn ist, konnte man durch Wettersatelliten beweisen, die seit 1977 mit Infrarot- bzw. Wärmebildkameras ausgestattet sind. Daher weiß man, dass im Wellenlängenbereich zwischen acht und zwölf Mikrometer die Atmosphäre transparent, also durchsichtig ist und ein ‚offenes Strahlungsfenster' hat…"

Die Temperaturen gehen weltweit seit dem Jahr 2001 wieder zurück. Es gibt also keine Spur einer Klimaerwärmung. Trotzdem halten die „Klimaforscher" am vermeintlichen Klima-Übeltäter CO_2 fest, weil sie durch staatliche Bezuschussungen ihrer Klimaprognosen - die man niemals nachprüfen kann - gut leben. Allein das PIK (Potsdamer Institut für Klimafolgenforschung e.V.) wurde im Vorjahr von der Bundesregierung mit rund 21 Millionen Euro gefördert.

Das Klima resultiert aus den Wetteraufzeichnungen eines Zeitraumes von mindestens 30 Jahren. Will man aber einen Trend feststellen, muss man weitere 30 Jahre warten.

Man kann also erst nach 60 Jahren sagen, ob die Temperaturen nach oben oder unten gehen. Unsere Klimaforscher wollen uns aber mit Computer-Hochrechnungen allen Ernstes weismachen, wie das Klima im Jahr 2100 oder gar in tausend Jahren sein wird, obwohl präzise Wettervorhersagen kaum für 24 Stunden möglich sind. Solche Langzeit-Prognosen und Weltuntergangs-Szenarien können die Klimapropheten ohne Gewissensbisse verantworten, weil sie genau wissen, dass man sie im Jahr 2100 nicht mehr zur Verantwortung ziehen kann.

Man fragt sich, warum die weltweiten „Klimaforscher" und CO_2-Händler weiterhin am CO_2-Märchen festhalten, obwohl sie doch längst wissen, dass dieses Spurengas keinerlei Einfluss auf das Klima haben kann.
Die Antwort ist einfach:
Sie wären schlecht beraten, wenn sie ihr Paradepferd CO_2 vorschnell an den Nagel hängen würden und sich damit den Ast absägen, auf dem sie seit vielen Jahren ganz vorzüglich sitzen.

Otto Hahn

Die Sonne steuert das Weltklima

Als die Erneuerbaren Energien noch in den Kinderschuhen steckten, waren die späteren Probleme noch kaum vorhersehbar. Bei der Windkraft scheinen die Sorgen heute besonders groß zu werden. Eigentlich durchaus ästhetisch erhebt sich so eine Windkraftanlage über eine Landschaft im frühherbstlichen Abendlicht. Wären da nicht die Vorwürfe, mit denen sich die Befürworter und Betreiber dieser Anlagen konfrontiert sehen. Landschaftsverspargelung, Infraschall, Vogelmord und zuletzt die Zerstörung der letzten naturnahen Waldgebiete. Eigentlich sollten die Erneuerbaren Energien das Klima retten, aber weltweite wissenschaftliche Befunde verschiedenster Fachrichtungen zeigen, dass Klimaänderungen im Wesentlichen auf zyklische Veränderungen der Sonnenaktivität zurückzuführen sind. Nicht das Kohlendioxid, sondern die Wechselwirkungen zwischen dem Lauf der Planeten und dem Rotationsverhalten der Sonne steuern unser Klima. So wie der Mond seinen Gezeiteneinfluss auf die Erde ausübt, so zerren die großen Planeten die rotierende Sonne hin und her. Dies löst Änderungen der Sonnenrotation, Änderungen ihrer Plasmaströme, Schwankungen des Sonnenmagnetfeldes und letztlich Schwankungen der Energieabstrahlung der Sonne aus. Auf der Erde werden dadurch die großen Windsysteme in der Atmosphäre verstärkt oder abgeschwächt, ebenso die Meeresströmungen. Hier ist reine Himmelsmechanik am Spiel, die seit Jahrmillionen das Klima der Erde steuert und dies in Zukunft weiter fortsetzen wird. Zum besseren Verständnis eines so komplexen Vorganges wählt ein Wissenschaftler häufig einen anderen Blickwinkel. Dann wird der immense Einfluss der Sonne auf das Weltklima offensichtlich: ***„Die Sonne ist mit 150 Millionen Kilometern nicht unendlich weit entfernt und harmlos, sondern mit einem Abstand von nur 107 Sonnendurchmessern ist sie der Erde bedrohlich nah! Denn der Durchmesser der Sonne beträgt gigantische 1,4 Millionen Kilometer.“*** S. M.

Über den Autor Steven Michelbach

Steven Michelbach ist Umweltexperte und engagiert sich seit über 30 Jahren im privaten Naturschutz im Main-Tauber-Kreis. Seit vielen Jahren studiert er die Argumente von „Klimaalarmisten“ und „Klimarealisten“.

Als Geograph hat er das wissenschaftliche Grundwissen, um die Klimaproblematik und die gegensätzlichen Argumente fachlich beurteilen zu können.

Seinen Schülern vermittelt er beide Seiten der Klimadiskussion. So hat er im Dezember 2009 einen Polartag für mehrere Schulen in Bad Mergentheim organisiert. Höhepunkt der Veranstaltung war eine Life-Schaltung mit der Georg von Neumayer-Forschungsstation in der Antarktis. Das Foto zeigt ihn, wie er gerade Schülerfragen via Handy und Mikrofon - deshalb die gebückte Haltung – an den Leiter der Forschungsstation weiterleitete.

Seit in seiner Heimat mit dem Einsatz der Erneuerbaren Energien auch die letzten schützenswerten Naturgebiete und nun sogar Wälder in Windparks umfunktioniert werden, hat er sich in vielen Veröffentlichungen zur Klimaproblematik sachlich und fundiert geäußert.

Seine Berichte und Leserbriefe kann man auf der Webseite „klimaargumente.de“ unter dem Thema „Klimanews“ mit dem Link auf: „Keine Chance dem Klimaalarmismus: Helfen Sie mit!“ nachlesen. Er kennzeichnet sich selbst als Klimarealist.

„Energiegewinnung ist wichtig, aber kontraproduktiv, wenn dabei genau das zerstört wird, was eigentlich zu schützen wäre: DIE NATUR!“

Reinhold Messner

Foto: Enrico Federico Office Reinhold Messner

Windkraft, Solarkraft und Bioenergie Alles eine heile Welt?

Dieses Foto zeigt drei Standbeine der Alternativen Energien: Windkraft, Solarkraft und die Gewinnung von Biogas, hier über Energiemais. Unbestritten ist, dass unsere Gesellschaft einen sehr großen Energiehunger hat. Unbestritten ist auch, dass wir alle für unseren hohen Lebensstandard dankbar sein sollten. Dieser gründet sich aber auf einer sicheren Energieversorgung. Unbestritten ist dabei, dass alle Energieträger, auch die alternativen, mit großen Umweltbeeinträchtigungen verbunden sind. Wer die flächige Technisierung der Landschaft durch Windkraft und Solarfelder nicht sieht, wer die quadratkilometergroßen, lebensfeindlichen biologischen Wüsten der Bioenergieproduktion bei der Landwirtschaft nicht sieht und wer die Beeinträchtigung von Fließgewässerlebensräumen durch die Wasserkraftnutzung nicht sieht, muss sehenden Auges blind sein. Nachdem der Klimaschutz als Argument für Alternative Energien nicht mehr länger haltbar ist, bleiben für die zukünftige Energieversorgung der Welt nur folgende Argumente übrig: Menschenwürdig, umweltverträglich und bezahlbar für alle! Das ist bei realistischer Überlegung wohl nur über einen Mix aus allen dem Menschen zur Verfügung stehenden Techniken der Energiegewinnung möglich, unter größtmöglicher Verantwortung für alle erdenklichen negativen Auswirkungen!

Reinhold Messner hat dies mit seiner Mahnung auf den Punkt gebracht: „Energiegewinnung ist wichtig, aber kontraproduktiv, wenn dabei genau das zerstört wird, was eigentlich zu schützen wäre: DIE NATUR!“

Das Blockhaus am großen Flussbogen

„ Die Natur kann sich nicht selbst schützen. Der Mensch muss die Natur schützen!
Harald Helander

Urwald! Allein schon dieses eine Wort weckt Emotionen. Alle Urwälder der Erde haben ihren eigenen zauberhaften Charakter. Die Urwälder des tropischen Regenwaldes: Dschungel, dunkel, feucht, undurchdringlich, gefährlich! Die Urwälder des hohen Nordens: Borealer Nadelwald, Taiga, im Sommer hell, weitläufig, urig und mystisch. Von den Tunturis, den von eiszeitlichen Gletschern rundgeschliffenen Bergkuppen, blickt der Wildniswanderer auf ausgedehnte Urwälder und ursprüngliche Natur.

In den Urwäldern Lapplands erlebt man noch die Stille unberührter Natur. Hier trifft man auf Jahrhunderte alte Geschichte. Diese 500-jährige Lapplandkiefer entstammte einem kleinen Sämling, der etwa zur Zeit der vermeintlichen Amerikaentdeckung durch Christoph Kolumbus um 1492 sein Leben begann. Sie widerstand erfolgreich arktischer Kälte, Sturm und sonstigen Unbilden der rauen Natur im hohen Norden. Diese ehrwürdigen Urwaldriesen vermitteln Respekt vor dem Leben, wie es nur unberührte Natur bieten kann.

Der Blick auf eines der unzähligen Moore ist wie ein Blick in die Seele Lapplands. Leider ging in den letzten Jahrzehnten der Respekt vor den wahren Schätzen dieses Naturraums verloren. Papierindustrie, zügelloser Tourismus, Wochenendhütten in jedem Winkel und zuletzt Teststrecken für Autos und Reifen mitten in der Wildnis. Der Hunger nach Profit kennt keine Ehrfurcht vor 500 Jahre altem Leben, wie dem einer Lapplandkiefer oder einem mehrere Jahrtausende alten Moor.
Harald Helander engagiert sich seit über drei Jahrzehnten für den Schutz der letzten großen Wildnisgebiete Lapplands. Bekannte Persönlichkeiten aus den Anfängen der Umweltbewegung, wie Petra Kelly, halfen dem Finnen in den Wildnisschutz hineinzuwachsen. Eine Begegnung mit dem Dalai Lama bleibt ihm unvergessen.

Seine besondere Liebe gilt den Bäumen. Große Ehrfurcht erfüllt ihn, wenn er die raue Rinde eines über 500 Jahre alten Urwaldriesens unter seinen Händen spürt. Rufen Freunde bei ihm an, so passiert es nicht selten, dass er gerade in seinem Urwald unterwegs ist und neue Bäume pflanzt. Selbst heute mit 80 Jahren!

„Die Natur kann sich nicht selbst schützen. Der Mensch muss die Natur schützen!“ (H. H.)

Ein Zitat von ihm, aus dem er Kraft schöpft. Mit seinem Buch, das in den nächsten Monaten entstehen soll, möchte er seine Erfahrungen zum Schutz der Urwälder Lapplands anderen Naturschützern zur Hand geben. Er möchte Mut machen Natur zu schützen und trotz harter Widerstände nicht aufzugeben. Es braucht mehr denn je junge aktive Mitstreiter und die alten dürfen nicht aufgeben. Naturschutz ist eine Lebenseinstellung und Lebensaufgabe.

Für Harald Helander

Steven Michelbach

Otto Hahn

Welt der Wunder

Außergewöhnliche Lebensformen

Verschiedene Lebewesen unterscheiden sich wesentlich durch außergewöhnliche Fähigkeiten, seltsame Verhaltensmuster, einmalige Verteidigungsstrategien, besondere Überlebensstrategien, spezielle Nahrungsaufnahme, untypischen Körperbau oder durch einen eigenartigen Fortbewegungsmechanismus von der Mehrheit der uns bekannten Lebensformen.

Es gibt Fische, die unter Wasser ein Nest bauen oder vorübergehend auf Bäumen leben können, und Tiere, die ohne Füße, Hände oder sonstige Werkzeuge ganze Inseln aufbauen. Im östlichen Pazifik lebt ein Parasit, der sich an die Zunge eines Fisches klammert und sich vom Blut der Zungenarterie ernährt.

Eine unter Wasser lebende Spinne hat ganz außergewöhnliche Fähigkeiten entwickelt: Alle lebenswichtigen Vorgänge spielen sich in einer Luftglocke ab.

Dann gibt es Lebewesen, die weder Pflanzen, Tieren noch Pilzen zugeordnet werden können und deshalb nicht in das Schema dieser Welt passen.

Einmalige Fähigkeiten hat ein australischer Vogel entwickelt, der einen biologischen „Brutapparat“ baut.

Andere Tiere haben außergewöhnliche Verteidigungsmechanismen entwickelt: Ein Insekt, das Sprengstoff herstellt, oder eine Echse, die einen übel riechenden Blutstrahl aus ihrem Auge auf den Angreifer spritzt. Und es gibt einen Vogel, der mit Stäbchen isst und einen anderen, der sich von Tierknochen ernährt. In Australien lebt ein Säugetier, das die Merkmale verschiedener Tiere in sich vereint: Es hat einen Schnabel, legt Eier, hat Krallen, Schwimmhäute an den Füßen und einen „Giftstachel“ am hinteren Fußgelenk.

Im Norden Kanadas gibt es Frösche, die zu einem Eisklumpen erstarren können, ohne dabei zu erfrieren.

Leben in der Taucherglocke – die Wasserspinne

Die Wasserspinne (Argyroneta aquatica) ist eine Besonderheit, denn sie lebt als einzige Spinne nicht an Land, sondern ständig unter Wasser. Ihr Verbreitungsgebiet erstreckt sich von den Britischen Inseln bis nach Japan. Sie benötigt flache, stehende oder langsam fließende, aber saubere Gewässer mit einem Pflanzenreichtum, in denen sie ihre Hauptnahrung, Flohkrebse und Wasserasseln, findet. Die Wasserspinne steht auf der Roten Liste in der Kategorie „stark gefährdet“, weil die Wasserqualität ihrer Gewässer in vielen Gebieten durch Gülle und Pestizide so stark beeinträchtigt ist, dass sie dort nicht mehr überleben kann.

Die Wasserspinne besitzt keine Kiemen.
Ihr lebenslanger Aufenthalt in einem für Spinnen ungewöhnlichen Lebensraum unter Wasser ist nur möglich, indem sie die benötigte Atemluft in einer Art „Taucherglocke“ speichert. Dazu webt die Wasserspinne ein engmaschiges, waagrechtes Netz, das sie unter Wasser an Pflanzen befestigt. Zum Luft holen schwimmt sie an die Wasseroberfläche, streckt den Hinterleib und die Hinterbeine aus dem Wasser und taucht ruckartig wieder unter. Die silbrig glänzende Luftblase, die sich zwischen den feinen Härchen am Hinterleib und den Hinterbeinen verfangen hat und den gesamten Hinterleib ummantelt, transportiert sie entlang eines Signalfadens nach unten. Dieser weist ihr den Weg zur „Unterwasser-Wohnung“. Kommt sie unter dieser an, streift sie die Luftblase ab und lässt sie nach oben in die „Taucherglocke“ gleiten. In vielen weiteren Luft-Transporten wird der Unterwasser-Luftspeicher mehr und mehr erweitert. Fast das gesamte Leben der Wasserspinne spielt sich in ihrer Unterwasserwohnung ab: Dort verspeist sie ihre Nahrungstiere, dort wird der Nachwuchs großgezogen und darin überwintert sie in einer Winterstarre. Auch die Paarung findet in einer Luftglocke statt, die das Männchen baut.

Die verbrauchte Luft der Taucherglocke muss die Wasserspinne immer wieder austauschen oder vielmehr erneuern. Ein Teil davon wird durch freien Sauerstoff aus dem Wasser ersetzt, der durch Diffusion in die Luftglocke gelangt.

Wenn sie in ihrer Luftglocke sitzt und auf Beutetiere lauert, verlässt sie sich ganz auf ihre Signalfäden, die sie unter Wasser gespannt hat. Signalisiert einer der Fäden eine Bewegung, rast die Wasserspinne entlang des Fadens auf die Beute zu, überwältigt sie mit einem Giftbiss, transportiert sie in die Luftglocke und verspeist sie dort. Wenn die Wasserspinne ihre Taucherglocke verlässt und im Wasser schwimmt, trägt sie immer einen Luftvorrat in Form einer silbrig glänzenden Luftblase am Hinterleib mit sich. Dieser Luftvorrat dient als physikalische Kieme oder Plastron-Atmung, die regelmäßig einen Luftnachschub von der Wasseroberfläche benötigt.

Das Schulmärchen vom Sauerstoff

Woher kommt er wirklich?

von Otto Hahn

In der Schule haben wir gelernt, dass grüne Pflanzen bei Tag durch Photosynthese Sauerstoff produzieren. Also nicht bei Nacht, nicht im Dunkeln und in unseren Breiten auch nicht im Winter. Bei Nacht atmen Pflanzen CO_2 aus und verbrauchen einen Großteil des bei Tag erzeugten Sauerstoffs. Und wenn Pflanzen sterben, also zum Beispiel gefressen und verdaut werden, verbrennen oder vermodern, dann brauchen sie zu dieser Oxidation genau die Menge an Sauerstoff, die sie in ihrem kurzen oder langen Leben erzeugt haben, das heisst die Sauerstoff-Erzeugung und der Sauerstoff-Verbrauch halten sich die Waage.

In den Wüsten gibt es keine grünen Pflanzen, die bei Tag Sauerstoff produzieren könnten und auch nicht auf unseren Weltmeeren, die rund zwei Drittel der Erdoberfläche bedecken. Zwar können Algen bei Tag Sauerstoff erzeugen, sie verbrauchen aber zu ihrer Verwesung wieder genau die Menge an Sauerstoff, die sie zuvor produziert haben. Da die Sauerstoff-Produktion also keinen Überschuss hat, bliebe kein Sauerstoff übrig, um Menschen und Tiere mit dem lebensnotwendigen Gas zu versorgen.

Wo also kommt der Sauerstoff her?

Als ich vor vielen Jahren für sechs Wochen bei einem bekannten Physiker in Zürich war, um im Auftrag einer großen deutschen Firma einen technischen Film über Strömungsphänomene für Universitäten zu drehen, sprachen wir auch über das damals aktuelle „Waldsterben“, von dem heute kein Mensch mehr spricht. Da ich seinerzeit der irrigen Meinung war, dass der Sauerstoff für unsere Atemluft ausgeht, wenn der Wald stirbt, empörte sich der Wissenschaftler: „Ja, wer sagt denn diesen Unsinn?“ Dann klärte er mich über die Sauerstoff-Herkunft auf:

Durch Sonneneinstrahlung auf die Weltmeere, Seen und Flüsse verdunstet Wasser und steigt als Wasserdampf (H_2O) in große Höhen (Wasserstoff ist fast 15-mal leichter als Luft, Sauerstoff ist 1,1-mal schwerer als Luft). Dort spaltet die einstrahlende Sonnenenergie H_2O in Wasserstoff- und Sauerstoffatome. Die Sauerstoff-Atome verbinden sich zunächst zu O_3-Molekülen (giftiges Ozon) und die Wasserstoff-Ionen verlassen zum Teil das Schwere-

feld der Erde. Davon strömt ein Teil zur Sonne, der Rest ins Weltall. Da Ozon (O_3) schwerer ist als Luft, sinkt es zur Erde nieder und vermischt sich mit Stickstoff und Edelgasen zu unserer Atemluft (21 Prozent Sauerstoff O_2, 78 Prozent Stickstoff N_2, 0.9 Prozent Argon und 0,1 Prozent Restgase). Durch den laufend entweichenden Wasserstoff wird auch die Erde in einigen Milliarden Jahren – ebenso wie bereits der Mars – kein Wasser mehr haben. Die Wissenschaft geht davon aus, dass schon ein Viertel des Wassers unserer Erde auf diese Weise entschwunden ist.

Der Sauerstoff-Kreislauf ist an einen Kohlenstoff-Kreislauf gekoppelt. Zusammenfassend sei nochmals erwähnt, dass jede Pflanze in der Summe in ihrem Lebenszyklus (den Abbau/die Verwesung der Pflanze mit eingerechnet) genau die Menge an Sauerstoff verbraucht, die sie insgesamt in ihrem Leben produziert hat. Auch mehr oder weniger Wald auf der Erde ändert nicht die Sauerstoffbilanz!
Die Formel lautet: Summe Sauerstoff + Summe Kohlenstoff = Summe CO_2.

Bis heute fand ich in keinem Biologiebuch Hinweise auf die tatsächliche Herkunft des Sauerstoffs. Nach wie vor wird die Photosynthese an Schulen gelehrt.

Als mich der Schweizer Physiker seinerzeit aufklärte, war unsere Tochter gerade 17 Jahre alt und besuchte noch das Gymnasium. Ich erklärte ihr die Herkunft des Sauerstoffes und bat sie, ihrer Biologie-Lehrerin diese Neuigkeit mitzuteilen. Diese erklärte meiner Tochter, dass sie mir das glaube, dass sie aber meiner Tochter eine schlechte Note geben müsste, falls sie das in einer Arbeit schreiben würde, weil diese „Neuigkeit“ noch nicht im Lehrplan stünde.

Bei der Herstellung meiner vielen naturwissenschaftlichen TV-Filme und beim Schreiben meiner Bücher habe ich festgestellt, dass man in der Naturwissenschaft immer wieder dazulernen muss, weil man laufend zu neuen Erkenntnissen gelangt, die leider in den Büchern nicht so schnell geändert werden. Die Hauptursache ist, dass immer wieder Sachbuchautoren frühere wissenschaftliche Behauptungen abschreiben, ohne Daten zu überprüfen, die längst widerlegt sind. Das ist – wie ich leider immer wieder feststelle – ganz besonders bei Schulbüchern der Fall.

Otto Hahn
Warten auf den großen Augenblick
Höhepunkte im Leben eines Tier- und Naturfilmers

Warten auf den großen Augenblick

Höhepunkte im Leben eines Tier- und Naturfilmers von Otto Hahn
Format 28 x 21 cm, 318 Seiten,
Hardcover, Fadenbindung,
330 Fotos in Farbe

ISBN: 978-3-937446-59-2
Preis: 29,90 €

Erhältlich im Online Shop des Wittgenstein Verlags unter:
www.wittgenstein-verlag.de

„Brillant und spannend wie ein Krimi, sachlich und informativ wie eine Dokumentation und einfühlsam wie ein Portrait..." So lauten Würdigungen in der Fachpresse, wenn die Tier- und Naturfilme von Otto Hahn gezeigt werden. Nicht von ungefähr wurde er mit Preisen rennomierter Institutionen ausgezeichnet. Etwa für neue Erkenntnisse in der Tierverhaltensforschung, für den besten europäischen Bildungsfilm - und für sein Engagement für Natur und Umwelt. Lohn für eine nun bereits über 40 Jahre andauernde Schaffensperiode, in welcher er zu allen Jahreszeiten mit Film- und Fotokamera unterwegs ist.

Wie populär seine Filme sind, belegen rund 3.000 Sendungen rund um den Globus.

In diesem Buch, reichhaltig ausgestattet mit über 300 seiner besten Fotos, schildert Otto Hahn seine spannendsten Erlebnisse und Begegnungen. Er berichtet anschaulich und unterhaltsam über außergewöhnliche Beobachtungen und gibt Einblicke in nie zuvor dokumentierte Verhaltensweisen im Tierreich. Doch auch Kritik an Verantwortlichen in den TV-Anstalten klammert er nicht aus, zumal sie seinen steinigen Weg als Dokumentarfilmer zusätzlich erschwerten.

Hilfreich war dagegen sein Einfallsreichtum. Denn was viele nicht wissen: Otto Hahn ist auch Tüftler und Entwickler. Seine Erfindungen öffneten nicht nur beim Filmen und Fotografieren neue Möglichkeiten. Auch die Allgemeinheit profitiert heute noch davon, wie dieses Buch verrät.

Abgerundet wird die Schau auf sein Lebenswerk durch Hinweise für ein gutes Gelingen in der Praxis. Die vielen Profi-Tricks und Tipps lassen die Herzen derer höher schlagen, die selbst einmal mit Film- und Fotokamera Großes erreichen wollen.

Otto Hahn
Der
IGEL
Allein Wissen hilft schützen!

Hardcover, 139 Seiten,
zahlreiche Abbildungen in Farbe
ISBN: 978-3-944354-21-7
Preis: 19,80 €

Der IGEL
Allein Wissen hilft schützen!

Überarbeitete und erweiterte Neuauflage des Buches:
„Der Igel, liebenswertes Stacheltier" von Otto Hahn
Nur die Schaffung igelfreundlicher Lebensräume, die Rücksichtnahme im Straßenverkehr und ein umfassendes Wissen können ihm das Überleben sichern.

Man kann nur schützen, was man kennt!

Fünfjährige nächtliche Beobachtungen der Lebensgewohnheiten des beliebten Stacheltieres führten Otto Hahn zu ganz neuen Erkenntnissen über das Verhalten und die Lebensbedingungen des Igels.
Diese preisgekrönte Dokumentation entstand parallel zu Otto Hahns ZDF-Film „Wenn die Igel in der Abendstunde..."
Sie soll dazu beitragen, das Wissen über den Igel zu erweitern, um ihm das Überleben in einer igelfeindlichen Umwelt zu ermöglichen.

Erhältlich im Buchhandel oder direkt beim Verlag unter:
www.wittgenstein-verlag.de

Raja Hirzy

Meine Igelkinder Raffaela & Trudi

Eschen / Vaduz
im Fürstentum Liechtenstein

Foto: © Otto Hahn

Vor etwa zwanzig Jahren, als ich es mir an einem Freitagabend in der Vorfreude auf drei Wochen Urlaub gemütlich machen wollte, läutete es plötzlich sehr energisch an meiner Wohnungstür.
Als ich öffnete, stand da ein Bekannter mit seiner Frau. Der Mann trug eine sehr große Schachtel. Auf meine Frage, wo er denn damit hin wolle, antwortete er: „Zu dir." Ich sah, dass in der Schachtel Heu war. Er ging an mir vorbei und stellte sie im Wohnzimmer ab. Die Frau trug etwas in den Händen, das sie vorsichtig auswickelte. Da waren drei rosa Kugeln, die sich bewegten. „Die haben wir am Straßenrand gefunden. Die Igelmutter wurde überfahren. Wir wussten nicht was machen, darum bringen wir sie zu dir." Ein Igelchen war verletzt und sah schlimm aus. Ich hatte keinerlei Erfahrung mit Igeln. Mit so kleinen schon gar nicht. Die Leute gingen wieder und ließen mich mit den Winzlingen allein. Bei meinen Büchern fand ich eines über Igel. Rasch lief ich in ein Geschäft, das Babynahrung verkaufte. Zwei Wärmflaschen kaufte ich auch.
Zu Hause breitete ich ein Leintuch über das Heu, legte die Wärmflaschen, die eine gewisse Temperatur haben mussten darauf, deckte diese mit einem Frotteehandtuch ab und setzte die Igelchen in das warme Bettchen.
Das verletzte war schon tot, als ich vom Einkauf zurück kam. Ich bereitete die Babynahrung vor und breitete ein großes Leintuch auf dem Boden aus. Vorsichtig nahm ich eines um das andere in die Hand und fütterte sie mit der Pipette. Anschließend massierte ich mit einem weichen feuchtwarmen Pinsel ihr Bäuchlein und ihren After. So wie es die Igelmutter mit ihrer Zunge macht. Am nächsten Tag suchte ich einen Tierarzt auf. Der meinte aber, dass man sie besser einschläfern sollte. Sie seien erst ein paar Tage alt und nicht überlebensfähig. Meine Antwort darauf war: „Ich werde auf alle Fälle alles versuchen, damit sie überleben."

Wieder zu Hause stellte ich alle zwei Stunden den Wecker. Die beiden mussten Tag und Nacht jede zweite Stunde gefüttert, massiert und laufen gelassen werden. Noch waren sie ohne Stacheln und die Augen geschlossen. Doch rasch wurden sie kräftiger und öffneten nach ein paar Tagen die Augen. Sie fingen an mich zu beschnüffeln und wenn sie ihre Runden auf dem Tuch drehten und ich meine Hand ausstreckte, setzten sie sich sofort auf meine Handfläche. Bald waren die drei Ferienwochen vorbei und eine Lösung musste gefunden werden, da ich beruflich den ganzen Tag, von morgens sechs bis abends, abwesend war.

Es gab eine Frau in Vaduz, die unterernährte und verletzte Igel überwinterte. Die fragte ich, ob ich sie bis Herbst zu ihr bringen dürfte. Bis dahin wären sie schon kräftig genug, um sie den ganzen Tag durch alleine lassen zu können. Sie war einverstanden. Aber zuerst war noch ein Besuch beim Tierarzt angesagt. Dieser staunte nicht schlecht, als er die beiden sah. Er hätte den beiden keine Überlebenschance gegeben, sagte er. Wie kräftig sie in nur drei Wochen geworden waren und wie neugierig sie den Tierarzt beäugten und beschnüffelten. Sie bekamen noch eine Vitaminspritze und ein wenig später hieß es Abschied nehmen. Doch wusste ich sie in guten Händen. Meine beiden Katzen, die sich sehr vorbildlich den Igelkindern gegenüber benommen hatten, suchten sie überall, als ich ohne sie nach Hause kam. Zweimal die Woche besuchte ich sie in der Igelstation und wenn sie meine Stimme hörten, wollten sie rasch zu mir. Eine solche Liebe hätte ich von Igeln nicht erwartet. Sie liebkosten mich und kuschelten sich in meine Halsbeuge, wenn ich sie auf den Arm nahm. Die Dame von der Igelstation staunte jedes Mal und sagte, dass sie dieses Verhalten bei Igeln noch nie erlebt hätte. Mir war schon klar, ich war ja sozusagen ihre Mutter. Inzwischen hatten sie auch einen Namen bekommen.
Trudi war die Kräftigere, Raffaela die Zarte.

Welche Freude, als ich sie im Herbst wieder zu mir nach Eschen holte. Die Katzen und Igel beschnüffelten sich. Trudi und Raffaela machten mit den Katzen Ausflüge in die Natur, die wunderschön war an meinem damaligen Wohnort. Für den Winter wurde mir eine große Holzkiste gebracht, die mit Heu und Zeitungspapier ausgepolstert wurde. Als es Winter wurde hing ich einen großen Teppich über den Eingang der Kiste. An etwas wärmeren Wintertagen stellte ich Futter für sie bereit. Im Frühling, als es Zeit war das Winterquartier zu säubern erlebte ich eine Überraschung, zu Trudi und Raffaela hatten sich noch zwei Igel gesellt. Noch einige Jahre kamen Trudi und Raffaela immer wieder bei mir vorbei und wenn ich am Abend meine Katzen rief, kamen auch sie gesprungen und begrüßten mich. Mit den Jahren wurden die Abstände größer in denen sie mich besuchten. Bis sie eines Tages ganz ausblieben. Meine guten Wünsche haben sie immer begleitet. Noch heute denke ich voll Liebe an sie.

Immer wieder konnte ich beobachten, dass mir Wildtiere ohne Scheu begegneten, wie in meiner Kinderzeit.

Mit vielen guten Wünschen
allen Leserinnen und Lesern
Ihre Raja Hirzy.

Fotos: © Otto Hahn

Nike Wolff

Wie im Kleinen, so im Großen

Ich liebe meine Katze.
Ich freue mich an ihr, an ihrem Wesen, an ihrem Verhalten.
Sie erfreut mich, lässt mich lächeln, lässt mich mit ihr sprechen -
in Tönen, mit denen ich sonst zu niemandem spreche.

Sie ist etwas Besonderes - mit ihrem eigenen Willen.

Manchmal miaut sie, weil sie nur meine Nähe sucht,
weil sie möchte, dass ich da bin, mich mit ihr beschäftige.
Dann bin ich gerne da, nehme ihr Angebot an
und wir stärken uns gegenseitig.
Ich streichele sie und fühle mich wohl dabei,
ihr meine Liebe zeigen zu können und ihr Vertrauen zu genießen.
Sie genießt das sichtbar.
Es ist ein ständiges aufeinander Eingehen, die Lage sondieren,
die Gefühle ausleben und beherrschen.
Sie ist dazu oft nicht in der Lage.

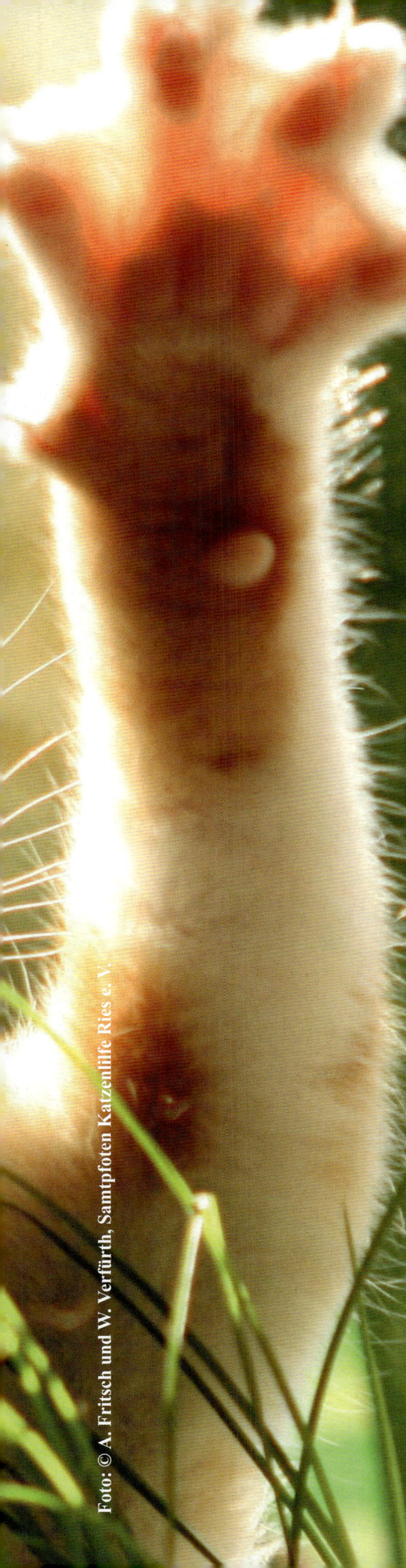

Foto: © A. Fritsch und W. Verfürth, Samtpfoten Katzenlilfe Ries e.V.

Hat sie genug Nähe gehabt, zeigt sie es,
schlägt vielleicht nach mir, manchmal ganz sanft,
manchmal bleiben blutige Kratzer zurück,
oder sie faucht – und ich fauche kurz zurück.
Dann verschwindet sie einfach – in ihr eigenes -
anderes Leben. Aber wenn sie wieder vor der Tür steht
ist alles vergessen. Mit Freude öffne ich ihr und das Spiel
beginnt von vorn. Jetzt liegt sie hier – oft auch mitten im Weg,
ohne zu glauben, sie könnte irgendjemanden behindern oder
gar stören. Sie macht sich breit – da, wo sie sein will.
Das ist meist da, wo ich oder jemand anderes auch gerade sein wollen.
Sie spürt das. Ist frech, kess, dreist, aufdringlich und doch liebenswert,
kennt keine Rücksicht.

Im Schlaf betrachtet, ist sie wunderschön,
weich, hübsch, süß und scheint so liebevoll,
zufrieden, ja nahezu glücklich – mit einem Lächeln im Katzengesicht -
unglaublich ….
Jedes Hinschauen - ein Lächeln...

Da ist sie schon wieder wach – eine andere Phase...
Rufe ich, hört sie – manchmal – wenn's ihr in den Kram passt.
Meist hat sie ihre eigenen Pläne.

Es macht Freude, ihr bei ihrem eigenen Leben zuzuschauen.
Wenn sie Streit mit anderen hat...
Wenn sie sich im Dreck wälzt
und sich wieder jede Menge Zecken einfängt....
Wenn sie mitten auf der Straße den heißen Teer genießt
und sich hin und her kugelt...
Wenn sie auf der Lauer ist und nach ihrer nächsten Beute Ausschau hält...
Wenn sie den Baum hochjagt und kaum weiß,
wie sie wieder runterkommen soll...
Wenn sie sich – wo auch immer – in Position setzt
und eine wunderbare Würde ausstrahlt...
….Da bin ich – im Hintergrund – betrachte sie, freue mich
und im Notfall bin ich zur Stelle.

Es ist besonders, ihr in die Augen zu schauen, die Tiefe, das Leben,
das Alles und mich selbst zu erahnen.
Und es ist besonders, mir vorzustellen,
wie viel Freude Gott wohl mit uns hat.

Was täte ich ohne Dich, Du liebenswertes Wesen?
Wer wäre bei mir, wenn ich traurig bin?
Wer läge neben mir und würde mit mir der Sonne Strahlen trinken?
Wer würde mich durch sein Dasein erfreuen,
wenn ich vor Wut platzen könnte?
In wessen Augen sollt' ich schauen, um mich zu beruhigen?
Auf wessen Herzen dürfte mein Kopf ruhen
und wessen Natürlichkeit würde mich wieder an das Leben erinnern?
Wem könnt' ich noch vertrauen, wenn ich mich belogen fühle?
Um wen hätte ich mich noch zu kümmern?

Noch bist Du da – liegst vor mir, von weichen Kissen umhüllt und ruhst.

Was täte ich ohne Dich,
Du meine geliebte Katze?!

Nancy

Inge Leberle

Glück im Unglück

An einem lauen Sommerabend sitze ich im Garten und beobachte unsere Katzen Nancy und Radieschen. Die zwei spielen im Gras und jagen nach Insekten.

Ich lasse Vergangenes Revue passieren, denn beide Katzen hatten eine eigene Geschichte, bevor sie bei uns eine endgültige Heimat fanden:

Es war schon ziemlich spät am Nachmittag, als ich meine Joggingschuhe anzog, um noch eine Runde zu laufen. Ich steckte noch schnell ein paar Leckerli in die Jackentasche, für den Fall, dass ich meiner Katzenfreundin aus der Nachbarschaft begegnen würde. Da wir am Ortsrand wohnen, war ich gleich draußen in der Natur und begann meine Runde am Fußweg, neben den Mais- und Getreidefeldern, über die Brücke, am Bach entlang zur nahegelegenen Mühle.

Auf halbem Weg lief plötzlich ein junges Kätzchen – unser späteres Radieschen – mit schief gehaltenem Kopf auf mich zu. Ihr kleiner Körper war dünn wie ein Bleistift und voller Parasiten. Das Tier war vorsichtig und ließ sich nicht anfassen. Was für ein bedauernswertes Geschöpf! Sie brauchte dringend Hilfe. Leider konnte ich in diesem Moment nicht viel für sie tun. Ich holte die mitgenommenen Leckerli aus meiner Tasche und bot sie ihr an. Gierig verschlang die kleine Maus die Happen. Ich nahm mir vor, am nächsten Tag mit Medikamenten und etwas mehr Futter noch einmal zur gleichen Stelle zu kommen. Ich hoffte, sie dort wieder anzutreffen.

Am nächsten Tag begegnete ich dem Kätzchen tatsächlich wieder. Ich lockte mit Leckerli, versuchte es zu kraulen und träufelte schnell ein Floh- und Zeckenmittel in ihren Nacken.

Was ich nicht ahnte: In der Nähe versteckten sich noch mehr hungrige Mäuler. Es hatte sich wohl herumgesprochen mit dem Futter, und eine Schar von Katzen verfolgte mich über eine längere Strecke hinweg. **Dabei war auch Nancy, die am Ende richtiges Glück im Unglück hatte.** Ich sah, dass sie einen merkwürdig einseitig dicken Bauch hatte. Irgendetwas stimmte da nicht. Da gab es nur eine Möglichkeit: sie bei einem Tierarzt vorzustellen. Ich lieh mir einen Katzentransportkorb mit Deckel aus. Nun galt es, die Mieze beim Fressen schnell zu überraschen und in den Korb zu setzen. Dies gelang mir tatsächlich, und der Fahrt zur Tierärztin stand nichts mehr im Wege.
In der Tierarztpraxis wurde ich freundlich empfangen. Ich schilderte meine Sorge und durfte die leise miauende Katze gleich zur Behandlung abgeben. Ich war erleichtert. Morgen sollte ich telefonisch nachfragen, was sich bei der Untersuchung herausgestellt hatte.

Was ich am nächsten Tag zu hören bekam, ließ mir das Blut in den Adern gefrieren. Die Ärztin meinte, da hätte ich ein gutes Werk getan. Der dicke Bauch rührte nämlich von einem schon älteren Bauchfellriss her – vermutlich verursacht durch einen Unfall.

Radieschen

Die „Geschwulst“ waren die Innereien, die nach außen drückten, und irgendwann wäre die Bauchdecke komplett gerissen. Nicht auszudenken, was dadurch passiert wäre! Der Eingriff dauerte mehrere Stunden. Die Bauchdecke wurde operativ verschlossen, und Nancy wurde gleichzeitig sterilisiert. Danach stand ihr noch ein zehntägiger Klinikaufenthalt bevor.

Endlich war der Tag gekommen, als ich sie abholen durfte. Der Schnitt am Bauch war ziemlich groß, aber durch gute Pflege bei uns zuhause erholte sie sich sehr schnell.

Radieschen fand ich eines Tages mit einer Fußverletzung. Das sah nicht gut aus. Der Hinterlauf war stark angeschwollen und der Fußballen vereitert. Sie lief auf drei Beinen und fauchte und knurrte vor Schmerz bei meinen Annäherungsversuchen. Erst zwei Tage später gelang es mir, sie mit Hilfe einer Tierfreundin einzufangen und zum Tierarzt zu bringen.

„Das ist eine infizierte Bissverletzung“, meinte die Ärztin und ob etwas gebrochen ist, müsse erst abgeklärt werden. Ich ließ Radieschen in der Praxis zur Untersuchung und konnte sie Gott sei Dank am nächsten Tag wieder abholen. Es war nur ein Biss, aber sie musste noch zehn Tage lang morgens und abends mit Medikamenten versorgt werden. Ich nahm sie mit nachhause zur Pflege, um sie danach wieder fit in ihre gewohnte Umgebung zurückzubringen.
Allerdings büchste sie nach einer Woche durch die Fensterklappe aus. Sie inspizierte während ihres unerlaubten Freigangs wohl die Umgebung und gab uns durch ihre Rückkehr vor die Terrassentür zu verstehen, dass es ihr hier gefiel und sie bei uns bleiben wollte.

Inzwischen ist Radieschen ein unkompliziertes und dankbares Familienmitglied geworden. In Tiger Nancy hat sie eine Freundin gefunden.

Durch meine Arbeit als Schatzmeisterin bei den Samtpfoten Katzenhilfe Ries e. V. erfahre ich immer wieder von geleisteten Hilfsaktionen. Wir sind auf Ihre Unterstützung angewiesen!

Besuchen Sie doch einmal unsere Homepage:
www.samtpfoten-ries.de

Wie ich **Schatzmeisterin** beim Verein „Samtpfoten Katzenhilfe Ries e. V.“ wurde

Ich bin auf dem Land aufgewachsen, und schon seit meiner Kindheit liebe ich Tiere. Ich finde jedes Tier faszinierend, egal ob groß oder klein. Dass Katzen in ihrer Umgebung kaum Beachtung finden, hat mir schon immer leidgetan. Vor allem wildlebende, herrenlose Katzen fristen ein hartes Dasein.
Wie oft schon habe ich ein hilfsbedürftiges Kätzchen gefunden und es bei mir aufgenommen!

Eine Freundin berichtete mir eines Tages von dem Vorhaben einiger Katzenliebhaber, einen Verein nur für Katzenhilfe zu gründen.
Diese Idee fand ich genial, denn in einer Gruppe mit Gleichgesinnten ist es allemal leichter, echte Hilfe zu leisten. Sollte es eine Chance sein, dem Katzenelend zumindest ein Stück weit ein Ende zu setzen? Ich zögerte also keine Sekunde, mich da zu gegebener Zeit zu engagieren.

Am 7. Februar 2007 war es dann endlich soweit: Es trafen sich sieben Katzenfreunde zu einer konstituierenden Sitzung. Der Name für den Verein war schnell gefunden: „Samtpfoten Katzenhilfe Ries e. V.“. Wir besprachen alle notwendigen Schritte für die Vereinsgründung und stellten die einzelnen Aufgabengebiete zusammen.
Ich wurde als Schatzmeisterin vorgeschlagen und gewählt – vorerst für zwei Jahre.

Seit der Vereinsgründung sind nun sieben Jahre vergangen. Aus der kleinen Gründergruppe ist inzwischen ein bekannter Verein mit 229 Mitgliedern geworden. Meine Tätigkeit als Schatzmeisterin habe ich beibehalten.

Inge Leberle
Schatzmeisterin

Die Samtpfoten Katzenhilfe Ries e.V.
benötigt dringend Unterstützung!
So können Sie helfen:
- mit einer Geld – Spende:
Konto-Nr: 389940,
BLZ: 72250000 ,
Bank: Sparkasse Nördlingen
- mit einer Patenschaft,
- mit einer Mitgliedschaft,
- mit Artikel für den Flohmarkt,
Sachspenden oder Futterspenden.
Wohnen Sie im Umkreis Nördlingen können Sie mithelfen, außerdem werden dringend neue Pflegestellen gesucht!
Weitere Informationen im Internet unter:
www.samtpfoten-ries.de

Jenny Fitzel

Wie Hugo und seine Geschwister gerettet wurden

Liebe Samtpfotenfreunde,

der kleine **Hugo** hatte am Freitag, dem 13. Juni 2014, **Glück im Unglück**.

Seine Mami wurde überfahren. Zum Glück hat die tierliebe Frau ein paar Tage vor dem Unglück gesehen, dass diese Kätzin ein oder mehrere Babys geworfen hatte. Sie hat die verunglückte Katze am Straßenrand liegen sehen. Leider konnte sie nicht sofort selbst helfen, da sie einen wichtigen Geschäftstermin hatte. Sie alarmierte aber ihre Stallbenutzerin Frau Tina Frank (Firma Dekopool). Die beiden Damen haben Pferde, die im selben Stall stehen. In diesem Stall haben wir die Kätzchen gefunden. Unser Verein wird von Frau Frank immer wieder mit Spenden und Sachspenden unterstützt. Frau Frank hat kurzerhand ihre Freundin und Nachbarin, eines unserer aktiven Samtpfotenmitglieder, angerufen und die Suchaktion gestartet. Nach kurzer Suche im Heustadel konnte Hugo gefunden werden. Seine Begeisterung hielt sich zu diesem Zeitpunkt allerdings in Grenzen. Man konnte nicht ausschließen, dass Hugo noch Geschwister hatte.

Die beiden tierlieben Stallbenutzerinnen waren aber überzeugt, dass Hugo noch Geschwister haben muss. Sie gaben die Hoffnung nicht auf und stellten Futter und Wasser an die Stelle, wo Hugo gefunden wurde. Die Zeit drängte, da es an dem Wochenende sehr warm war und ihre Mama nicht mehr kam. Das Schicksal wollte es, dass am Montag, dem 16. Juni 2014, kurz bevor eine der beiden Frauen gehen wollte, zwei Kätzchen von oben herunterschauten. Blitzschnell rief sie bei Tina Frank an, da sie die Kleinen nicht alleine einfangen konnte. Tina Frank rief noch schneller bei ihrer Freundin an, die schon Hugo gerettet und bei sich aufgenommen hatte. Diese war gerade von der Arbeit heimgekommen, zog sich schnell Stallklamotten an, und die beiden Mädels düsten nach Lechsend. Rettungsaktion Teil 2 begann nun.
Die Suche gestaltete sich schwierig. Die Strohballen waren schwer und so eng gestellt, dass die drei Frauen sie nicht auf die Seite schieben konnten. Einen Ballen konnten sie mit Müh und Not etwas verschieben. Die Kätzchen wussten natürlich nicht, dass man ihnen nur helfen wollte und versteckten sich. Die Räume zwischen den Rundballen waren so eng, dass die Frauen nicht auf den Boden kamen. Doch schließlich schafften sie es irgendwie, eine größere Lücke zu finden. Das erste Kätzchen war relativ schnell gefangen, doch das zweite entkam ihnen. Das Kleine hatte sich so gut zwischen den Strohballen versteckt, dass die drei Frauen nach einer Stunde Intensivsuche schließlich aufgeben mussten. Enttäuscht fuhren sie mit nur einem Samtpfötchen nach Hause. Die Drei wollten das zweite Kätzchen aber unbedingt einfangen, und so planten sie für den nächsten Tag eine weitere Rettungsaktion. Inzwischen suchte das kleine Kätzchen anscheinend seine Geschwisterchen und „schrie“ wie am Spieß. Zum Glück hörte dies ein Nachbar und fing das Kleine ein. Erneut fuhr Frau Frank nach Lechsend, holte das Kätzchen ab und brachte es zu seinen Geschwistern. Happy End für die kleinen Racker!

Nun erzählen Euch Hugo und seine Geschwister, wie sie die Rettungsaktion erlebt haben und wie es dann weiterging:

Da ist keine „Milchbar“!

Hugo:

Tja, der Tag hat einfach besch… angefangen. Mami kam nicht wie gewohnt zurück. Stattdessen kamen da zwei so komische Tanten und nahmen mich einfach mit. Dann haben die mich zum Tierarzt geschleppt. Bin ja hart im Nehmen. Ich hatte einfach nur Hunger. Jetzt sind die zwei Tanten mit mir auch noch zum Fressnapf gegangen – im Auto war es für mich zu warm. Ich dachte nur: Schlimmer kann es ja nicht mehr kommen. Denkste! Endlich haben die mich dann aus der Box geholt, dann haben mich vier so Riesenfellmonster angeschaut. Mir haben sie gesagt, es sind Hunde, naja, ich weiß nicht.

Auf jeden Fall gab es endlich Futter und eine Mütze voll Schlaf.

Nachdem ich meinen ersten Schock überwunden hatte, ging es mir auch besser. Nur die vier Fellnasen haben mich angeschnuffelt und abgerüsselt. Ich dachte mir: Besser als gar keine Gesellschaft und bin einfach dem Kleinsten hinterher gestiefelt. Ich stellte fest: Hey, der Typ ist gar nicht mal so schlecht! In seinem Fell ist es kuschlig warm. Allerdings fehlt bei ihm irgendwie die Milchbar. Ich hab sie bis jetzt nicht gefunden. Und wie Ihr auf den Fotos seht, hab ich genau nachgeschaut. Hier hab ich vorübergehend eine Bleibe gefunden und werde hier gut versorgt. Der Service ist gar nicht mal schlecht. Ab und zu kommt da noch so eine große Babysitterin. Die rüsselt mir dann immer übers Gesicht und schleckt mir mein Bäuchlein. Jetzt genieße ich erst mal die Zeit in meiner neuen Bleibe und werde groß und stark.

Ich hatte am Freitag dem 13. Glück im Unglück.

Gute Freunde kann niemand trennen!

Egon

Jetzt hab ich Dich!

Lass mal schauen!

Egon:

Hallo, ich bin der kleine Egon! Mich haben die Mädels am Montagabend gefunden und mitgenommen. Zuerst steckten sie mich in eine Box, und dann musste ich noch mindestens eine Stunde warten, bis die Reise in ein mir unbekanntes Land begann. Sie suchten noch nach meiner Schwester, aber fanden sie nicht, da sie sich an einem geheimen Ort versteckte. Endlich fuhren wir los. Als ich endlich aus der Box durfte, traute ich meinen Augen kaum:
Ich sah meinen Bruder Hugo!
Er hat sich so über das Wiedersehen gefreut, dass er mich im wahrsten Sinne des Wortes umarmte und abbusselte. Gott sei Dank haben die sofort was zu Futtern aufgefahren. Hatte ich einen Hunger!

Nach der ganzen Aufregung durften wir beide zusammen in der Box im Schlafzimmer pennen – bei einer meiner Retterinnen. Der Service hier war nicht schlecht. In der Früh gab es erst mal Frühstück für uns beide, später kam da noch \`ne andere Tante mit so einem großen Tier, einem Hund. Irgendwo muss da ein Nest sein! In meiner neuen Bleibe sind auch vier Fellmonster. Die sind aber ganz nett. Die Tante hat uns dann das zweite Frühstück serviert. Hugo und ich haben uns danach aufs Ohr gehauen, um zu pennen.
Auf einmal ging die Tür auf und wir dachten:
Oh Sch…, die Tante (Tina Frank) von gestern, was will die von uns schon wieder? Sie brachte unsere Schwester. In diesem Moment hätt ich die Frau knutschen können. Endlich sind wir wieder vereint!

Yuma:

Hallo, ich bin die kleine Yuma.
Den Wochenstart hab ich mir auch anders vorgestellt. Am Montagabend war Schluss mit lustig. Zwei von den Frauen haben mir am Freitag schon meinen Bruder weggenommen und jetzt auch noch meinen zweiten Bruder. Sauerei! Aber mich haben sie nicht bekommen – hihi!

Am nächsten Tag hab ich es dann doch nicht mehr ausgehalten und hab um Hilfe geschrien. Da kam auch so ein komischer Onkel, der mich in eine Box steckte. Die Tante von gestern hat mich anschließend abgeholt. Ich dachte mir: Was für ein bescheuerter Tag! Konnte in dem Moment ja nicht wissen, dass es eine Fahrt ins Glück war. Wenn ich das gewusst hätte, was mich da erwartet, wäre ich am Montag freiwillig mitgekommen!

Auf jeden Fall hat sie mich zu meinen Brüdern gebracht und mir was zu futtern hingestellt. Wir werden hier richtig gut versorgt und dürfen Party machen. Naja, und die vier Fellnasen und die große Hündin, die jeden Tag kommt, sind gar nicht so übel. Die spielen mit uns. Wenn's uns friert, kuscheln wir uns einfach an eine dieser Fellnasen, dann wird's uns auch warm.

Hugo, Egon und Yuma:

Wir hatten echt Schwein gehabt. Es war eine echt geile Zeit bei unserer Pflegefamilie. An dieser Stelle möchten wir uns noch mal bei unserer Pflegemama bedanken, dass sie mit uns so viel Geduld hatte. Uns ist immer irgendein Blödsinn eingefallen und wir haben eine Menge angestellt. Wir waren hin und wieder echt anstrengend! Aber das Beste kommt jetzt: Wir beiden Brüder dürfen zusammen bleiben und sind gemeinsam in unser endgültiges Zuhause eingezogen. Und das Lustige daran ist, dass unsere neue Mami die Tipps, wo es süße Kätzchen gibt, von ihrer Arbeitskollegin bekommt. Das ist aber noch nicht das Besondere. Das Besondere ist, dass diese Arbeitskollegin eine Hundeschule hat. Jetzt ratet mal, wer dort hingeht! Richtig: Unsere Pflegemama mit ihren vier Fellnasen. Irgendwie verfolgen uns die Hunde. Ist aber egal, dadurch haben wir unser großes Glück gefunden. Und ich, die kleine Yuma, hab auch Glück gehabt. Die Tante, die uns immer unser zweites Frühstück und unseren Nachmittagssnack mit dem großen Fellmonster gebracht hat, ist jetzt meine neue Mami. Und weil meine Pflegemama und meine neue Mami beste Freundinnen sind und nicht weit weg voneinander wohnen, kann ich meine Pflegemama und die vier Fellmonster ziemlich oft sehen. Ist doch spitze, oder?

Hugo und Egon:

Wir haben uns bestens in unserem neuen Zuhause eingelebt und liegen bereits bei der Tochter mit im Bett. Nur ich, Hugo, der Draufgänger, hab es mal wieder übertreiben müssen. Ich wollte unbedingt sehen, was da oben im Apfelbaum ist. Blöd war nur, dass es keine Gebrauchsanweisung gab, wie man von dem Baum auch wieder runterkommt. So musste mich die Tochter vom Baum pflücken. Aber sonst geht es uns spitze.

Yuma:

Das große Fellmonster in meiner neuen Familie und meine neuen Dosenöffner kannte ich ja schon. Aber da wohnen noch zwei Samtpfoten. Die wollen mich aber nicht putzen, wie meine Brüder es immer getan haben. Ich versteh´ auch nicht, warum wir nicht alle aus einer Schüssel futtern? Hm, komisch. Naja, ich hab hier aber einen Spitzenplatz gefunden. Wenn mich meine Mami nicht gerade aus ihrem Klo fischen muss, weil ich wissen wollte, was da drin ist …

Hugo, Egon und Yuma:

Wir haben Glück gehabt, dass es die Samtpfoten gibt! Und wir wünschen allen Kätzchen, die noch Schlimmeres erleben, dass sie bei den Samtpfoten landen. Dann habt Ihr gute Chancen, auch ein schönes Zuhause zu bekommen wie wir!
Wir möchten uns bei den Samtpfoten, unseren Retterinnen und unserer Pflegefamilie bedanken. Gut, dass es Euch gibt!

Glück
Gesundheit
Bestell-Nr.: G3
Grusskarten zum Geburtstag
hochwertig und edel
Wie das Wasser im Fluss, so fließt die Zeit und nun ist es schon wieder soweit. Heute hast Du Geburtstag und ein jeder gratulieren mag. Alles Gute senden auch wir und wünschen Glück und Gesundheit Dir.
Wittgenstein Verlag
Zum Geburtstag
3-fach-Klappkarten, innen und außen bedruckt, DIN A6 lang und mit gefüttertem Umschlag
Preis: 2,95 €
Bestell-Nr.: G4
Samtpfoten - Dauerkalender
zum Eintragen jährlich wiederkehrender Anlässe und Festlichkeiten wie: Geburtstage, Hochzeitstage ...
Spiralbindung und Lochung zum Aufhängen, stabiles und edles Material, Maße ca.30cm x 21cm
Preis: 8,90 €
JANUAR
ISBN: 978-3-944354-17-0 (Deutsch)
ISBN: 978-3-944354-23-1 (Englisch)
Geburtstagskalender KATZEN
Abb. aller Kalenderblätter im Internet:
Kalender KATZEN für das Jahr 2016
mit Lebensweisheiten und Sprüchen zum Nachdenken
Maße ca. 42cm x 30cm
ISBN: 978-3-944354-37-8
Preis: 14,90 €
Katzen 2016
Mai

Hilfe bei/gegen Katzenallergie:

Man nehme täglich morgens – nüchtern:

1 x 125ml lauwarmes Wasser mit 8 Tropfen Oregano-Öl.

Dieses Oregano-Öl muss in Italien gewachsen sein – hat mit Bodenbeschaffenheit zu tun.

Etwa eine halbe Stunde später erst frühstücken.

Wirkung:

Nach fünf bis sechs Wochen verschwindet die Allergie „lautlos".

Isabella Steiger, Lenggries

Foto: © Fritsch/Verfürth, Samtpfoten

Annette Steinacker-Holst

Ein modernes Museum

in einem ehemaligen Möbelhaus?

Führung durch das KunstMuseum Donau-Ries in Wemding

„Kommen Sie nur herein“,
sage ich und ziehe mit einer einladenden Geste die schwere Glastür weit auf. Der Bus spiegelt sich in den großen Schaufenstern. Sein Kennzeichen ist Würzburg.
„28 Personen“, verrät mir die entgegenkommende Reiseleiterin. „Aber drei möchten gerne im Bus bleiben!“

Die Organisatorin antwortet auf meinen fragenden Blick: „Es sei Ihnen zu viel an Kultur, zuerst das

Schloss Spielberg,
dann das weitläufige
Benediktinerkloster in Heidenheim
und jetzt das
KunstMuseum Wemding.

Nein, diese drei können nichts mehr aufnehmen.“

Lächelnd atme ich durch! Irgendwie kann ich dies gut nachvollziehen. Schnell nehme ich meine chinesische Bambusflöte und spiele zum Auftakt einige Melodien, als wir im Halbkreis vor der großen Vitrine mit Bronzeskulpturen aus Afrika stehen.

Eine angenehme Stimmung schwebt im Raum bis eine ältere Dame die Stille durchbricht: „Was hat es mit diesem Gebäude auf sich“, fragt sie forschend und sieht sich weitschweifend um, als könne sie die 1000 qm im Erdgeschoß gleich mit einem Blick erfassen. „Jaaa“- dehne ich hinaus. Jetzt stecke ich in meinen Erinnerungen.

28 Augenpaare sind auf mich gerichtet.

Wie soll ich antworten auf eine Frage über eine Zeit, die 30 Jahre füllt?

Wo ansetzen in dieser langen Geschichte, zuerst das Persönliche, die Daten, die Fakten...?

Die Besucher nehmen auf Stühlen Platz, die eigentlich für das morgige Konzert vorbereitet sind. „Lassen Sie sich Zeit, Kunst haben wir schon an den anderen zwei Orten gesehen“, höre ich eine Männerstimme sprechen. „Bei einer Reise begann es“, erzähle ich, als wenn es sich um ein Märchen handeln würde, „als wir über die Berge in der Schweiz kamen. Mein Mann und ich besuchten einen Künstlerkollegen in der Schweiz. Er zeigte uns die Museen in Winterthur. Wir waren überrascht von so vielen Kunststiftungen, die in Museen mit großzügig wirkenden Räumen verwandelt wurden. Zuletzt besuchten wir den modernen Anbau der Gemäldegalerie. Die Werke bekannter Künstler schwebten frei darin, als wären sie dafür geschaffen worden.“
„Dieser Bau schaut doch aus wie das Möbelhaus in Wemding“, sagten mein Mann und ich nahezu zeitgleich. „Die Großzügigkeit, die Klarheit der Architektur, nahezu wie das Bauhaus in Dessau, das wir erst kürzlich besucht hatten.“
Seit Monaten versuchte mein Mann eine Nutzung für das fast 5000 qm große Gebäude seines Freundes zu finden, der es verkaufen wollte.

Jetzt überraschte uns beide diese Idee: „Wir könnten ein Kunsthaus aus dem Möbelhaus machen." Obwohl mir die Idee ins Bewusstsein kam, erschrak ich im zweiten Moment. Hatte ich nicht im stark renovierungsbedürftigen Schloss Spielberg drei anstrengende Jahre Aufbauarbeit für meinen Vater und seine Werke eingesetzt?

Nach meiner landwirtschaftlichen Lehre im Allgäu war ich ans Arbeiten gewöhnt. So ging es nahtlos weiter. Ich molk nun keine Kühe und fütterte die 150 Rinder nicht mehr, sondern verputzte jetzt endlose Stuckdecken und Friese.

An einem besonders anstrengenden Tag hielt ich nur durch, indem ich die Schubkarren mit Zement durchzählte, die ich ins Erdgeschoß hineinkarrte.
100 Karren zählte ich damals. 100 Jahre wurde auch meine Großmutter, und dieser Gedanke ließ mich durchhalten.
Ich entschied mich nach dem Bildhauerpraktikum bei meinem Vater für eine Keramikausbildung und konnte dadurch dem Schloss entkommen, weil ich meinem Vater versprach, alle Lampen und Gefäße aus Ton für das Schloss zu modellieren.

Doch zurück nach Winterthur. Mein Mann gab mir das Mobiltelefon und holte mich aus meinen Erinnerungen. „Ruf gleich mal deinen Vater an, und frage ihn, ob er mitmachen will", und wählte bereits seine Nummer auf Schloss Spielberg. Tatsächlich klappte die Verbindung. „Vater", hörte ich mich sprechen, „was hältst du von der Idee, das Möbelhaus in Wemding in ein KunstMuseum umzugestalten?" Mein Vater war schon 65 Jahre alt, als er 1987 das Schloss Spielberg in Angriff nahm. Im Jahr 1998 arbeiteten wir uns gemeinsam durch das Kloster Heidenheim hindurch und jetzt 2002 dieses neue Projekt? Ich brauchte nicht lange auf eine Antwort warten: „Jaja, wenn das irgendwie geht." Mein Mann nickte eifrig, als hätte er mitgehört. „Gib ihn mir…"
Drei Wochen später brachte Vater schon diese Skulpturen aus Holz und Bronze ins Möbelhaus. Ich zeige auf drei Frauenidole.
Die Besucher hören aufmerksam zu. Dann gehen wir weiter zu dem kräftigen Männerkopf aus Eisenbronze. Mit seinen groß geformten Augen und Ohren, den Sinnen, soll er zeigen, was wir Menschen alles vermögen. Die Skulptur versinnbildlicht Musik, Literatur, Malerei, Bildhauerei und im Gegensatz zu seiner Schwere, den Tanz. Diese Künste sollen hier im Haus immer wieder zu Gast sein, entschieden mein Mann und ich uns damals, als wir mit dem Umbau beschäftigt waren. Blinde Menschen dürfen den Männerkopf mit den Händen ertasten und sie wundern sich oft, dass die Augen erst bei den Ohren enden, oder die Ohren bis zu den Augen gehen. Der Mund ist wie eine Blüte geformt, und die Nase atmet den Himmel ein. Sie nimmt die Senkrechte des Gesichtes ganz ein. Drei bildende Künstler haben wir in der Familie, also war schon ein Grundstock für die Sammlungen vorhanden. Menschenbilder von meinem Vater **Ernst Steinacker**, abstrakte Gemälde von Prof. Caspar Schlötter (dem Onkel meines Mannes) und Landschaftsbilder sowie Lichtspiegelungen von mir.
„Nein", erzähle ich weiter, „es ist jetzt schwer vorstellbar, wie es damals in diesen Räumen ausgesehen hat, in diesen Räumen mit Rasterdecke, schweren Heizungen oben an der schokoladenbraunen Decke installiert - die Wände bestanden nur aus dünnen Spanplatten. Möbel, die von dem Abverkauf übrig geblieben waren, standen herum und Flyer mit Angebotspreisen: Nur 3 Tage noch! Alles ab sofort ermäßigt! - lagen wirr umher. Ein Ausverkauf!"

„Aber, schauen wir uns jetzt um", sage ich zu den neugierig gewordenen Besuchern, „zuerst die Sammlungen, dann unsere Sonderausstellungen mit Künstlern aus unserem Landkreis, aus Deutschland und aus fernen Ländern." In der Mitte des Foyers steht das Modell der **Zeitpyramide**, das wohl mutigste Werk von Manfred Laber, das im Jahr 3193 fertiggestellt werden soll.

„Was, sie glauben nicht daran", entnehme ich aus den Regungen der älteren Besucher. Drei Dekadensteine stehen doch schon! Alle zehn Jahre wird ein weiterer Stein auf das Plateau des Kraterrandes gesetzt.
Das Ganze dauert nur 1200 Jahre, so alt ist Wemding jetzt. Wenn man bedenkt, dass die Landschaft hier

durch einen **Meteoriteneinschlag** vor 15 Millionen geschaffen worden ist, braucht man wegen 1200 Jahren nicht ungeduldig werden. Wir sehen uns wieder im Jahr 3193, stand damals in der Zeitung. Das mit dem Meteoriten erkläre ich Ihnen später in der Geopark-Art-Ausstellung genauer, in der sich alles um den Rieskrater dreht. Hier wandern die Besucher vorbei an den Gesteinsformationen, die bei dem Meteoriteneinschlag entstanden und in Zusammenarbeit mit dem RieskraterMuseum in Nördlingen in unserem Museum aufgestellt worden sind. Auch Gemälde der Nördlinger Künstler Günther Vogt und Jürgen Kintrup sowie Werke des Künstlerehepaares Sternbacher aus Oberriffingen entdecken sie dort. Meine eigenen Werke, die sich immer wieder auf das Weltall beziehen, wollen den großen „All-Tag" ins Gedächtnis rufen.

Im Schattentheater zeige ich einen Film, in dem die Schulklassen zum Thema „Wunder werden wahr" Schauspiele aufführen.
„Das ist kein normales Museum", sagen die Kinder immer beim Verabschieden, „das ist spannend hier". „Ja, ohne zu Staunen, darf keiner gehen…" rufe ich dann zurück! „Mein Vater hat deswegen so großen Augen in seinen Bildern gemalt. Behaltet dies im Auge!" Oben im großen Museumsatelier können die Besucher selbst zu Tusche und Pinsel greifen. Wenn Sie ein bisschen mehr Zeit mitbringen, können wir zusammen auf unserer Kniehebelpresse aus dem Jahr 1846 Handdrucke erarbeiten.

Für die Musikinstrumente aus verschiedenen Kulturen in der **„KlangSpielwerkstatt“**, die vom Verein der Freunde des KunstMuseums e. V. unterstützt wird, nehmen wir uns immer Zeit. Die Räume, selbst die Kosmosräume wollen klingen, denken Sie an die großen Ohren der Bronzeskulptur des Männerkopfes.

„Wenn Sie von den Trommeln und Trompeten genug Kraft bekommen haben und mit mir den Kontinent Afrika besuchen wollen, dann gehen wir in das Erdgeschoß zu der 400 qm großen **Afrika-Ausstellung**.“ Hunderte afrikanische Masken und Skulpturen von unterschiedlichen Stämmen treffen hier auf vier zeitgenössische Künstler.

Sie werden in 90 Minuten viele kulturelle Eindrücke aufnehmen und ich beginne wieder auf meiner chinesischen Flöte zu spielen, um die Besucher in die Welt des Zaubers der Kunst zu entführen…

KunstMuseum Donau-Ries
Jahnstr. 1, 86650 Wemding
www.kunstmuseum-donauries.de
kmuseumdonauries@aol.com

Mit der Harley

in den USA

Bildbericht von Helmut Hassel

„Cruisen“ (gemütlich Fahren) im Südwesten der USA – der Traum fast aller Harley-Fahrer.
Ich habe mir diesen Traum zweimal erfüllt, zusammen mit meinen Nürnberger Harley-Kumpels. Einmal zu zweit auf einer rund 5.000 Kilometer langen Rundtour von Los Angeles aus. Und einmal mit acht weiteren Freunden über 8.500 Kilometer von Chicago bis San Francisco.

Und das alles mit unseren eigenen Harleys!

Bevor es losging,
musste viel geplant und
vorbereitet werden:

- Transport unserer Maschinen in die USA
- Zollformalitäten
- Versicherung für die Harleys (unsere Versicherung gilt dort nicht)
- Hotelbuchungen in stark frequentierten Orten

1

Das mit dem Transport lief so: Einige Tage vor dem Abflug haben wir unsere Maschinen am Nürnberger Flughafen zur Lufthansa Cargo gefahren. In unserem Beisein wurden sie auf großen Paletten verzurrt und mit starken Folien abgedeckt. Per Lkw gingen die Harleys nach Frankfurt, wo sie dann in mehreren Flugzeugen in die USA gebracht wurden. (Bild 1)
Als wir ankamen, waren unsere Stahlrösser schon da.
Nach zügiger Abfertigung am Zoll konnten wir losdüsen.

Harleyluja!

Unterwegs passierte mir beim Tanken ein Missgeschick. Ohne es zu merken, steckte ich einen falschen Zapfhahn in meinen Tank, ich füllte ihn randvoll mit Diesel. Nun gibt es keine Harley, die gewillt ist, mit Diesel zu arbeiten. Nachdem ich gezahlt hatte, setzte ich mich auf meine Harley und wollte starten. Da kam ein hochgewachsener junger Mann auf mich zu und fragte, ob ich englisch spreche. Ich bejahte. Er zeigt auf einen Zapfhahn und sagte zu mir: „Hast du gerade hieraus getankt?“ Ich wurde augenblicklich blass, sehr blass! Als ich mich gefangen hatte, schob ich die Harley an die Seite und überlegte, was zu tun sei. Es war eigentlich klar: Der Diesel musste raus. Der junge Ami holte zwei Eimer und ich begann den Hahn unter dem Tank abzuschrauben. Zwanzig Liter Diesel flossen in die Eimer. Meine Kumpels standen um mich herum und amüsierten sich. Natürlich wurde alles fotografiert und gefilmt. (Bild 4)
Ein Glück, dass ich nicht gestartet hatte, dann wäre der Tag gelaufen gewesen!
Ich war dem jungen Mann unendlich dankbar, die 20 Dollar musste ich ihm regelrecht aufdrängen, er wollte nichts haben. Noch tagelang haben mich die lieben Kumpels bei jedem Tanken zu der Diesel-Säule geschickt.

4

Viele Naturparks und atemberaubende Landschaften, aber auch Städte wie Las Vegas und San Francisco, standen auf dem Programm. Wir haben uns viel angeschaut. Es wurden tolle Reisen, die wir nie vergessen haben.
Am Mount Rushmore haben die Amis mitten in einem Indianerreservat vier Präsidentenköpfe in die Felsen gehauen, das muss man gesehen haben. (Bild 2)

2

3

Nicht weit davon entfernt ist eine polnische Familie seit nunmehr 50 Jahren dabei, als Gegenstück eine gigantische Skulptur des berühmten Indianerhäuptlings Crazy Horse auf einem Pferd in den Berg zu sprengen. Es wird wohl noch mal 50 Jahre dauern, bis sie fertig ist. (Bild 3)

In einem Freilichtmuseum in Rapid City konnten wir jede Menge historische Militärflugzeuge bis hin zu dem Riesenbomber B-52 bewundern. (Bild 5)

Ein richtiges Rodeo haben wir in Cody besucht und lernten dabei, warum die Pferde oder Bullen die Reiter unbedingt abwerfen wollen. Man quetscht den Tieren mit einem Seil die Hoden ab. Das tut natürlich irrsinnig weh, deshalb bocken sie wie wild. Ist der Reiter runter, wird das Seil gelöst und die Tiere sind wieder friedlich. Irgendwie abartig, das Ganze.

5

Die Geisterstadt Bodie, die mal Hochkonjunktur zur Goldgräberzeit hatte, zeigte uns, wie man damals gelebt, oder besser gehaust hat. Sogar eine alte Tankstelle war noch gut erhalten. (Bild 6)

7

Als wir zum Grand Canyon kamen, parkten wir unsere neun Harleys direkt vorm Haupteingang des ältesten dortigen Hotels „El Tovar“ (gebaut 1905). Die vielen deutschen Urlauber haben begeistert unsere Harleys mit den deutschen Kennzeichen fotografiert. (Bild 7)

8

10

Natürlich ließen wir uns den berühmten Sonnenuntergang am Canyonrand nicht entgehen.
Am wunderschönen Bryce Canyon gönnten wir uns das berühmte Hotel „Ruby‘s Inn“, von wo aus wir am oberen Canyonrand entlangfuhren und atemberaubende Blicke auf die zerklüftete Welt aus gelb- bis orangefarbenen bizarren Felsen hatten. Auf der Zweimann-Tour sind wir sogar eine Dreiviertelstunde mit dem Hubschrauber über den Canyon geflogen. Da der Pilot selbst Harley-Fahrer war, hat er uns doppelt so lange als bezahlt herumgeflogen.
Es war traumhaft. (Bild 8 bis 10)

11

Death

Eine ganz besondere Erfahrung war das Death Valley, das Tal des Todes. Die höchste Temperatur, die wir erlebt haben, war 50,9 °C. Bei solchen Temperaturen kühlt der Fahrtwind nicht, er heizt wie ein Föhn. Häufiges Wassertrinken ist da lebensnotwendig. Im wunderschönen Hotel „Furnace Creek Inn“ mitten im Death Valley gibt es natürlich einen Swimming Pool, aber so richtig erfrischend ist der auch nicht. Wie auch, wenn selbst nachts das Thermometer noch über 40 °C anzeigt? Im Death Valley findet sich der tiefste Punkt der westlichen Hemisphäre: Badwater liegt 86 Meter unter dem Meeresspiegel. (Bild 11 bis 13)

14

Tal des Todes

Valley

12

13

In Colorado sind wir von Durango nach Silverton mit einem historischen, damals 115 Jahre alten Zug mit Dampflok gefahren. Das war, wie man es aus vielen Wildwestfilmen kennt. Über Brücken, Felsabstützungen und an einem Fluss entlang ging es hoch hinauf in die Berge. Für die 72 Kilometer brauchte der Zug über drei Stunden. Da die Wagen seitlich offen sind, bekamen wir ziemlich viel Ruß ab. (Bild 14 bis 16)

15

16

17

In Colorado ist meine Harley in den Bergen einfach stehen geblieben, sie wollte nicht mehr. Offensichtlich hatte sie Probleme mit der Höhenluft. Ein Kumpel hat mich mit nach Durango genommen, wo wir neue Zündkerzen gekauft haben. Zum Glück gab es eine kleine Werkstatt. Mit den neuen Kerzen lief das gute Stück wieder, allerdings nur sehr stotterig. Also noch mal zur Werkstatt. Zwei Schrauber haben den Auspuff zerlegt und alle Schalldämm-Materialien entfernt. So konnte der Motor die Abgase jetzt ungehindert rausblasen. Meine Kumpels beneideten mich damals wegen des „irren Sounds" meiner Harley. Übrigens, die beiden Schrauber konnten etwas deutsch. Einer hatte mal ein bisschen Germanistik studiert, und der andere war als Soldat in Augsburg. Für die Arbeit wollten sie kein Geld haben. Mit einem Sixpack Bier war die Sache dann geregelt.

18

19

Sehr beeindruckend war auch das Monument Valley, wo aus einer Ebene riesige rotbraune Felsgebilde herausragen, die durch Erosion über Millionen von Jahren entstanden sind. Auf einer Fahrt mit Pickups durch das Tal erlebt man eine unendliche Fülle von Felsformationen aller Art. Die meisten haben sogar Namen. (Bild 17 bis 19) Als wir zu zweit zum Monument Valley kamen, wollten wir am Rand des Tals parken, um einige Fotos unserer Harleys mit dem fantastischen Hintergrund zu machen. Da kam ein ca. fünfzig Jahre alter Indianer zu uns und meinte, dass wir dort nicht parken sollten. Als wir ihm erklärten, dass es uns nur um einige Fotos ginge, war alles okay. Er fragte uns, wo wir denn herkämen. Wir sagten: Aus Deutschland. Ja, woher denn genau? Aus Nürnberg. Da lachte er und erzählte uns in gutem Deutsch: „Nürnberg kenne ich gut, da war ich schon oft. Meine Frau stammt aus Großgründlach." So klein ist die Welt, Großgründlach liegt dicht bei Nürnberg.

20

Unterwegs nach Moab erwischte uns eine Panne an einer Harley. Ein Regler war defekt, die Batterie entlud sich und war trocken. Mit Sprudel schaffte die Harley noch 30 Kilometer, dann war's vorbei. In einer langen Schlange standen wir am Straßenrand. Nach kurzer Zeit kam ein Sheriff angefahren und sicherte uns nach hinten ab. Er bestellte per Funk einen Abschleppwagen mit Ausrüstung für Motorräder. Es dauerte fast zwei Stunden, bis der Abschlepper bei uns war. Der Sheriff blieb die ganze Zeit bei uns und half noch kräftig beim Aufladen der schweren Maschine. (Bild 20) Der Transport ging an diesem Tag nur bis Moab, wo wir alle übernachteten. Am nächsten Tag wurde die Harley in einen 500 Kilometer entfernten Ort zu einem Harley-Händler gebracht. Spät abends war unser Kumpel wieder bei uns. Der ganze Service wurde über den Partnerclub AAA des ADAC abgewickelt, sodass lediglich ein gutes Trinkgeld anfiel.

Natürlich waren wir auch in Las Vegas. Dass da abends vor dem Harley-Davidson-Café im Glitzerlicht der Leuchtreklamen neun Harleys aus Deutschland vorfahren, kommt auch nicht alle Tage vor. (Bild 21)
Als wir zu zweit in Las Vegas waren, haben wir uns die tolle Show von Siegfried und Roy gegönnt. Das war noch vor dem Unglück mit dem Tiger.

In fast allen größeren Orten gibt es einen Harley-Händler, wir haben alle aufgesucht. Jeder von uns hat irgendein Teil gefunden, das noch an die Harley geschraubt werden konnte.

21

23

22

In San Francisco angekommen, sind wir über die Golden Gate Brücke nach Sausalito gefahren. Dort konnten wir tolle Fotos von uns mit der Brücke und der Skyline von San Francisco im Hintergrund machen. (Bild 22) Auch die berühmte Lombardstreet sind wir gemeinsam heruntergefahren. Die Lombardstreet schlängelt sich in engen Serpentinen zwischen schmucken Häusern und herrlich blühenden Sträuchern den Berg hinunter.

Am vorletzten Tag mussten wir wohl oder übel unsere geliebten Harleys am Flughafen wieder bei der Lufthansa abgeben. (Bild 23)
Diese Reisen bleiben für immer in unserer Erinnerung.
Einer von uns hat mit besonderem Talent fantastische Filme gedreht, die schon oft angeschaut wurden.

Mehr von Helmut Hassel in seinem neuen Buch:

An der Seidenstrasse

Abenteuerfahrt mit Ural-Seitenwagen-Gespannen in Kasachstan und Kirgistan
179 Seiten, mit vielen schönen Farbfotos

Genial geschrieben, dem Leser entsteht der Eindruck, alles selbst hautnah mitzuerleben.

ISBN: 978-3-944354-29-3
Preis: 19,80 €

Erhältlich im Buchhandel oder direkt beim Verlag unter:
www.wittgenstein-verlag.de

Erika Rojas

Reise zur Tropfsteinhöhle

Toca da Barriguda, Brasilien

Ungefähr 50 Kilometer von Campo Formosa entfernt wollen wir die Tropfsteinhöhlen im karstigen Kalkuntergrund in der Nähe von Laje dos Negros besuchen. Die Straße führt vorbei an kuppelförmigen Felsen. Wir fahren über staubige Erdstraßen, durch eine trockene Savannenlandschaft, vorbei an Plantagen voller Agaven, aus denen Sisal gewonnen wird. Vertrocknete Baumskelette ergänzen die karge Landschaft. Als wir aussteigen und uns die Steine am Straßenrand genauer anschauen, sehen wir, dass unser Weg von echten Moosopalen gesäumt ist. Laje dos Negros ist ein kleiner Ort, eine sogenannte Quilombo. So wurden Orte genannt, in denen sich Sklaven sammelten, die geflohen waren oder den christlichen Glauben nicht annehmen wollten. Unser Ziel ist die Toca da Barriguda, sie gilt als die Schönste der Höhlen und besteht vor allem aus Dolomitgestein. Ganz in der Nähe befindet sich auch der Eingang zur Toca da Boa Vista, der größten Höhle Südamerikas, von der bis jetzt erst etwas über 100 Kilometer erforscht sind.

Die Tropfsteinhöhlen sind nicht erschlossen und ohne Führer nicht zu finden. Deshalb gehen wir erst einmal in eine Bar auf dem staubigen Dorfplatz und erkundigen uns nach den Höhlen. Nach längerem Hin und Her werden wir zu einer Hütte geführt. Eine ältere Frau mit einem Baby am Arm schüttelt nur immer wieder den Kopf. Nach einiger Überzeugungsarbeit rennt ein Junge los, um unseren Führer zu suchen, der gerade beim Fußballspielen ist. Als er kommt, ist er nicht viel älter als der erste Junge, höchstens dreizehn oder vierzehn Jahre. Er nickt, holt seine Ausrüstung, die nur aus einer Taschenlampe und einer Wasserflasche besteht, und springt zu uns in den Wagen. Er erklärt uns, dass wir noch seinen Freund abholen müssen, weil es nicht ratsam sei, nur mit einem Führer in die Höhlen zu gehen. Wir fahren über Feldwege zu einem alleinstehenden Bauernhof, wo wir den zweiten Führer finden. Er ist ebenfalls nicht älter als fünfzehn Jahre. Dort lassen wir unseren Wagen stehen und gehen querfeldein über Viehweiden und Feldwege entlang. Bei einem kleinen Gehölz bleiben die beiden stehen und erklären uns, dass hier die Höhle ist. Wir schauen uns erstaunt um, bis sie ein paar Zweige auseinanderbiegen und auf ein Loch im Boden zeigen.

Der Einstieg in die Höhle ist mehr ein Rutschen als ein Klettern. Wir schlittern über eine steile Geröllhalde in die Tiefe und folgen einem dunklen Gang. Dann klettern wir einen kleinen Hügel hoch, zwängen uns durch einen Spalt im Gestein und bleiben staunend stehen. Das Licht der Taschenlampen fällt auf eine Symphonie aus Formen und Farben. Wir sehen reich gefaltete Vorhänge aus weißem und orangefarbenem Gestein, gehen verzaubert durch filigrane Torbögen und schauen auf kaskadenförmige Steinformationen, die aussehen wie für immer erstarrte Wasserfälle. Keine Höhle gleicht der anderen, und jede hat eine einzigartige, natürliche Schönheit.

Wir bestaunen einen versteinerten Höhlenbären. Vor einem Torbogen warnen unsere Führer uns, nur in eine Richtung durchzugehen, denn wer durch diesen Bogen in der falschen Richtung geht, hat sieben Jahre Pech. Neben diesem Bogen ist eine Figur aus Stein, die wie ein Mensch geformt ist, ein ziemlich dicker Mensch. Diese Figur hat der Höhle den Namen gegeben, denn Toca da Barriguda heißt die „Höhle der dicken Frau". In manchen Höhlen ist der Boden übersät mit kleinen Dolomitkugeln, die wie weiße Tränen am Boden liegen. In einer anderen Höhle überraschen uns unsere Führer voller Spaß mit einem Glockenspiel auf ziemlich regelmäßig und gerade gewachsenen Stalaktiten, die sich anhören wie ein unterirdisch gewachsenes Klavier. Sobald die Taschenlampen ausgeschaltet werden, herrscht völlige Dunkelheit und Stille. Jeder Laut, sogar das Fallen eines Wassertropfens, erscheint einem fast zu laut.

An der Decke hängen Kolonien von Fledermäusen. Wenn sie von unserem Licht aufgescheucht werden, fliegen sie pfeifend weiter in ihr Labyrinth aus Höhlen und Durchgängen. Über drei Stunden wandern wir durch diese verzauberten Höhlen. Trotzdem haben wir nur einen kleinen Teil gesehen, denn alleine der bisher erforschte Teil ist über 30 Kilometer lang. Am Ende fragen uns unsere Führer lachend, ob wir den Rückweg noch wüssten. Wir versuchen es, aber gehen hoffnungslos in die Irre. Dabei ist der Ausgang nur fünf Minuten entfernt, da wir tatsächlich einen großen Rundgang gemacht haben. Verzaubert und erschöpft klettern wir wieder ins Freie durch das kleine Loch im Boden. Die Jungen richten die Zweige sorgfältig zusammen, sodass die Höhle wieder verborgen ist, und wir machen uns auf den Rückweg. Auf dem Bauernhof bewundern wir noch den sprechenden Ara und füttern das zahme Äffchen. Die Jungen erhalten ihren Lohn, der selbstverständlich bei den Eltern abgegeben wird. Sie laden uns lachend ein, bald wiederzukommen und winken zum Abschied.

Edle Steinwelt
Thalackerstr. 58
82380 Peißenberg
Telefon: 08803 / 5540
www.edle-steinwelt.de

Ihr edlen Steine,
ihr strahlt die Botschaft aus
vom zeitlosen, glücklichen Sein
im Einklang mit den ewigen Gesetzen der Harmonie.
Ihr lehrt uns Menschen mit unendlicher Geduld:
Verliert euch nicht im Handeln,
im Sein allein liegt höchstes Glück!

Richard Erlewein

Ihr edlen Steine,
als vielseitige Helfer
unterstützt ihr alle Lebewesen.
Durch unentwegtem Ausgleich
und geduldigem Dienen
bereitet ihr Ihnen immer wieder
den Weg in Harmonie.

Victoria Prinzessin von Sachsen - Coburg

Die wenigsten werden wohl wissen, was für ein genialer und vielseitiger Heilstein der Schwarze Turmalin ist. Um ihn bekannter zu machen, hat die Autorin dieses Buch geschrieben.

Dieser Stein ist nicht nur sehr vielseitig, sondern auch intuitiv einsetzbar, dass heißt man muss dabei keine festen Regeln beachten. Eine besonders herausragende Eigenschaft ist seine Fähigkeit zur Verbesserung der Trinkwasserqualität.

In diesem Buch erzählt der Schwarze Turmalin seine Geschichte selbst, in Form eines spannenden und interessanten Romans.

Ich, ein Schwarzer Turmalin

Roman über den Werdegang
und die Anwendungsmöglichkeiten

2. überarbeitete Auflage

ISBN: 978-3-944354-11-8

Preis: 4,95 €

Erhältlich im Buchhandel oder
direkt beim Verlag unter:
www.wittgenstein-verlag.de

Das Foto im Hintergrund zeigt eine Amathystdruse

Heidi Hahn

Urlaub für Leib und Seele: Serra sehen und riechen

Portugals faszinierender Parque Natural da Serra de São Mamede an der spanischen Grenze

Im Aufwachen bereits ist die Stille eine andere Stille, das Licht ein anderes Licht. Raus aus dem Bett mit ungeahnter Energie, rein in die Schuhe, Tür auf. Und erst einmal innehalten, andächtig innehalten: Denn das Blau des Himmels so blau wie nirgendwo sonst auf der Welt, die Luft so klar, dass Tausende von Knospen und Blüten und frischer, frühlingsgrüner Blättchen fröhlich im frühmorgendlichen Sonnenlicht funkeln, während sie sich sanft raschelnd im Wind wiegen. In einem ungeheuer weichen Wind übrigens. Der eine schwere Süße mit sich bringt.

Schon setzen die Füße sich in Gang, immer der Nase nach, vorbei an einem Meer aus Gerüchen und Farben und quer hindurch, begleitet vom Gesang der Nachtigall. Poetische Gedanken nähern sich und die Sehnsucht, einfach einzutauchen, sich fallen zu lassen in dieses so vollkommene Ganze.

Natürlich wäre auch ein Viersterne-Hotel mit Klimaanlage möglich gewesen anstelle des angemieteten Bauernhäuschens. Die Frage ist aber, ob wir dann zum Beispiel *ihn* gesehen hätten: Einen noch klitzekleinen Laubfrosch, der sich auf einem Polster aus tiefblauem Schopflavendel sonnt. Und wir gestehen uns ein: Besser hätten wir‘s nicht erwischen können als hier, mitten in einer Landschaft, die nach den Frühjahrsregenfällen regelmäßig förmlich explodiert.

Weiße Zistrosen und der gelber Ginster sind es, die diese süßen, betörenden Düfte verbreiten, sich mit dem herben Schopflavendel mischen und um die Wette leuchten mit Korbblütlern in Weiß, Gelb und Violett, mit Wucherblumen, gelben Lupinen, Sandröschen und Orchideen. Diese Pracht, die meist schon Mitte Juni von der Sonne verdorrt wird, ist lebenswichtig für die Insekten der Gegend: Feldgrillen, deren Männchen in ihren selbst gegrabenen Erdhöhlen die Hinterbeine reiben und die

Stille mit lautem Zirpen erfüllen, Gottesanbeterinnen, Heuschrecken, Falter, Libellen.

„Was wollt denn ihr im Alentejo“, hat die Freundin gefragt, „Algarve, da muss man hin!“ Und die Nachbarn fliegen regelmäßig an die Costa Verde, „weil man Meer zur Erholung einfach braucht!“

Seit wenigen Stunden wissen wir: Man braucht es nicht. Wenn man ihn einmal gefühlt hat, diesen Jubel in der Brust, diese wohlige Gänsehaut auf der Seele, dann braucht‘s nur noch eines, nämlich genau das hier.

Der Standort: Zwei Stunden östlich von Lissabon, am östlichen Rand des sogenannten Alto-Alentejo, an der spanischen Grenze. Hier, markiert durch das Städtchen Castelo de Vide im Norden und Arronches im Süden, befindet sich auf dem mit rund 1.000 Metern Höhe einzigen „echten Gebirge“ des Alentejo der sogenannte „Parque Natural da Serra de São Mamede“.

Über uns und der so unerhört farbenfrohen, mit Stein- und Korkeichen, Kastanien, Olivenbäumen, Kühen, Rindern, Schafen und Ziegen gespickten Landschaft, fliegen die wohl schönsten Vögel Europas wie der Wiedehopf (*Foto*) oder türkis, gelb, braun und violett gefärbte Bienenfresser, die hier noch genügend Insekten finden, um zu überleben und die jetzt damit beginnen, die Höhlen für ihren Nachwuchs tief in Steilwände aus Lehm und Sand zu graben. Und das alles keine zwanzig Meter entfernt von unseren Hängematten. Zum ersten Mal überhaupt scheint sämtliche Reiseliteratur schlichtweg untertrieben zu haben.

Auch später am Tag, als sich das juchzende Gemüt endlich ein wenig beruhigt hat und wir bei den Nachbarn Rui und Eduarda, 500 Meter entfernt, zu Gast sind, geht es so weiter wie in einem gut inszenierten Reisefilm: Just heute hat Eduarda die Blumentöpfe und die typische farbige Umrandung von Fenstern und Haustüren frisch gestrichen. In leuchtendem Alentejo-Blau natürlich. Und jetzt serviert sie uns im Hof an einem riesigen Olivenholztisch die Suppe der Region: Einen Sud aus Wasser, Knoblauch und Kräutern, in den Brot gebröckelt und ein Ei pochiert wird. Eigens dafür hat sie das kühle Nass aus einer kleinen Quelle hinter dem Haus geschöpft.
Dann eine kleine Zwangspause bis zum nächsten Gang, weil Rui erst noch die Kühe melken muss, die bereits den Steilhang herabklettern, das schmale Tal samt Bach überqueren und schließlich über blanke Granitplatten zum Melkstall hochkraxeln. Wahre Kletterkünstler, doch anderes bliebe ihnen nicht übrig. Mensch und Tier müssen mit der Beschaffenheit der Landschaft und der Kargheit des Bodens leben.

Gefolgt von drei hungrigen kleinen Kätzchen, verschwindet Rui im Stall. Wir räkeln uns träge in der Abendsonne, die es an diesem klaren Apriltag bereits auf 25 Grad gebracht hat, lauschen den Feldgrillen und schwelgen schon wieder in der überschäumenden Pracht eines Frühlings, wie wir ihn so noch nie erlebt haben.

Die Serra mit ihren Hängen und Tälern und den kleinen, abgegrenzten Parzellen ist landwirtschaftlich schwer zu bearbeiten. Für die Natur allerdings ist sie ein Glücksfall: Die Abgrenzung der Grundstücke durch Steinmauern, die unbelasteten Wiesen sind wesentlich für den natürlichen Artenreichtum: Im Naturpark leben mehr als die Hälfte der in Portugal brütenden Vogelarten, außerdem europäische Edelhirsche und wohl auch noch wenige Exemplare des fast ausgestorbenen Iberischen Luchses.

Noch lange sitzen wir bei Hähnchen mit Reis und Flan, und unerwartet schnell kommt die Nacht. Und mit ihr die Kühle. Im riesigen, traditionellen Küchenkamin wird ein dickes Olivenscheit entfacht, und dann kauern alle auf winzigen Stühlen direkt im Abzug. Rui bringt Portwein. Wir schlürfen das süße, schwere Dunkelrot, scharren mit den Schuhen in der Glut, bis die Sohlen schmauchen und fühlen uns rundum wohl.

Die Grillen zirpen noch immer geduldig durch die Nacht, als wir uns auf den Heimweg machen. Über unseren Köpfen schwirrt es ungewohnt, aber stetig: Fledermäuse, die hier im Naturpark ihre europaweit größte Kolonie haben. Und alle paar Meter eine kleine Ansammlung von Glühwürmchen.

Am nächsten Morgen treiben wir wieder im Rausch der Düfte und Farben, strecken uns auf sonnendurchwärmten blanken Felsen aus, lauschen dem Locken der Nachtigall, baden in einem kleinen See, sehen dabei dem Eisvogel beim Fischen zu und geraten schon wieder ins Schwärmen ob des leuchtend türkisen Gefieders des „fliegenden Edelsteins".

Wer lange genug beobachten kann, der entdeckt noch einiges mehr: Kaspische Wasserschildkröten etwa, die zum gemeinsamen Sonnenbad an Land kommen. Oder die smaragdgrüne Perleidechse, die sich, bis zu 80 cm groß, auch gerne in der Sonne aufwärmt.

Rund 30.000 Menschen leben auf den rund 32.000 Hektar des Naturparks, der außer Naturschönheiten auch einiges an Sehenswürdigkeiten zu bieten hat. Allen voran das Kastell von Marvao, einem Marktflecken an der spanischen Grenze auf einer steilen Anhöhe der Serra de Sao Mamede und Weltkulturerbe. Man genießt von dort nicht nur eine fulminante Aussicht, die schmalen, steilen, gepflasterten Gässchen sind blumengeschmückt und durchweg noch bewohnt. Zwölf Kilometer nordwestlich von Marvao liegt Castelo de Vide, einer der malerischsten Orte Portugals: blumengeschmückte Häuser, Katzen und alte, schwarz gekleidete Mütterchen auf winzigen Holzstühlchen.
Zum Einkaufen fahren wir nach Portalegre, das schon am Ortseingang mit einem Besuch in einer Teppichmanufaktur lockt.
Sehenswertes finden wir auch außerhalb des Naturparks: Entgegen der Ansicht des Reiseführers, Elvas sei die schönste portugiesische Stadt, präferieren wir neben Marvao unbedingt das eine knappe Stunde südlich von Portalegre gelegene Estremoz. Dort befinden sich die größten europäischen Vorkommen an weißem

Marmor. Was sich in der Stadt an allen Ecken und Enden bemerkbar macht: Sogar die Straßen sind marmorgepflastert.
Und schließlich erhalten wir einen Geheimtipp: Redondo. Eine Stadt wie in Mexiko. Genau so kommt Redondo jedenfalls daher: Flache, puderfarbene, eng aneinander gereihte Häuser, in den Innenhöfen und hinter Mauern unzählige Töpfereien. In denen hauptsächlich Händler kaufen. Weil Touristen sich selten hierher verirren.

Jeden Morgen holt sie uns wieder ein, die pure Glückseligkeit, lodert die Begeisterung um die Wette mit der überwältigenden Farbenpracht, und wir gestehen uns ein: Hier, genau hier, ist es am allerschönsten auf der Welt.
„Im Sommer", sagt Rui, „müsst ihr hier sein, dann ist hier alles verdorrt, aber auch sehr schön." Vielleicht kommen wir dann wieder? Wenn wir es nicht mehr aushalten bis zum nächsten Frühling, zuhause, wo uns die Freundin mit Stirnrunzeln empfängt.
„Wart ihr wenigstens einmal am Meer?", fragt sie.
Sollen wir ihr erzählen vom Farbenmeer, vom Blütenmeer, vom Flüstern der Steineichenwälder, vom Säuseln der Olivenbaumblätter? Vom sanft streichelnden Alentejo-Wind, der diesen unbeschreiblichen Duft über Wiesen und Felder trägt? Von dieser Stille, die greifbar scheint und so wohl tut, so wohl?
Wir sehen uns an und sagen nichts. Und stellen fest: Wir haben es tatsächlich vergessen. Wir waren nicht am Meer. Und haben es keine Sekunde vermisst.

Info:
Nähere Informationen beim Portugiesischen Touristik- und Handelsbüro, Schäfergasse 17, 60313 Frankfurt, Tel. 069/234094, www.visitportugal.com

Empfehlungen

Zutaten für 4-8 Personen:

4 sehr reife Tomaten
oder
3 reife Fleischtomaten
1 kleine Zwiebel
2-3 Knoblauchzehen
Salz, Pfeffer, 3 EL Olivenöl
Stangenweißbrot in Scheiben

Tomatenmus

Tomaten waschen, überbrühen, abschrecken, Haut abziehen und Strunk entfernen. Nach Belieben mit Kernen belassen oder entkernen. Ein Teil des feuchten, lockeren Fruchtfleisches sollte aber auf jeden Fall erhalten bleiben. Alles sehr klein hacken oder im Mixer grob pürieren, mit Salz und Pfeffer würzen, eine Zeit ziehen lassen. Eine Zwiebel sehr klein hacken oder pürieren, Knoblauch schälen und mit einem großen Messer zerdrücken. Alles unter die Tomaten rühren. Dann nach und nach 3 EL, bei sehr großen Tomaten auch 4 EL Öl in die Mischung rühren, bis alles eine glatte Masse geworden ist. Weißbrote in Scheiben schneiden, toasten oder auf dem Grill rösten und dazu reichen.

Die Mischung wird - am besten Bissen für Bissen -
auf das noch warme Brot geträufelt.

von Heidi Hahn

Tomaten-Basilikum-Suppe

Zwiebel grob würfeln, Knoblauch ebenso, die Tomaten waschen und vierteln. Zwiebel und Knoblauch in heißem Öl glasig dünsten, Tomaten zugeben und kurz köcheln.
Das Tomatenmark zugeben, Brühe und Wein dazu.
Die Suppe mit Deckel etwa eine halbe Stunde kochen lassen, dann alles pürieren. Mit Zucker, Salz, Pfeffer abschmecken.
Basilikum und Majoran waschen, trocknen, abzupfen, klein hacken und in die Suppe rühren. Evtl. mit ein paar Blättern garnieren.

<u>Zutaten für vier Personen:</u>

400 g Zwiebeln
1 kg reife Tomaten
Pfeffer, Salz, 4 EL Olivenöl
5 EL Tomatenmark
500 ml Gemüsebrühe
150 ml Weißwein
1 EL Zucker
1 Bund Basilikum
1 Knoblauchzehe
1 Bund Majoran

Kur-Camping

Der Kur- und Vitalcampingplatz in Bad Wörishofen bietet viel, um einen unvergesslichen Urlaub vom Alltag zu erleben. Privat geführt, wirkt der gepflegte Platz wie eine kleine Oase in unserer hektischen Zeit.
Hier kann man herrlich bequem direkt am Platz eine wohltuende Kneippkur machen und fährt rundum gesund und gestärkt wieder nach Hause.
Ein wahres Wundermittel für alle Wirbelsäulen- und Bandscheibenbeschwerden sind die feuchtwarmen Heupackungen. Vitalisierende Aqua-Vitalgüsse stärken Herz und Kreislauf, verbessern die Durchblutung und stabilisieren den Blutdruck. Lindernde Massagen schenken neue Beweglichkeit und Lebensfreude. Wer einmal diese wirkungsvollste aller Kurformen für Jung und Alt erlebt hat, kommt immer wieder.

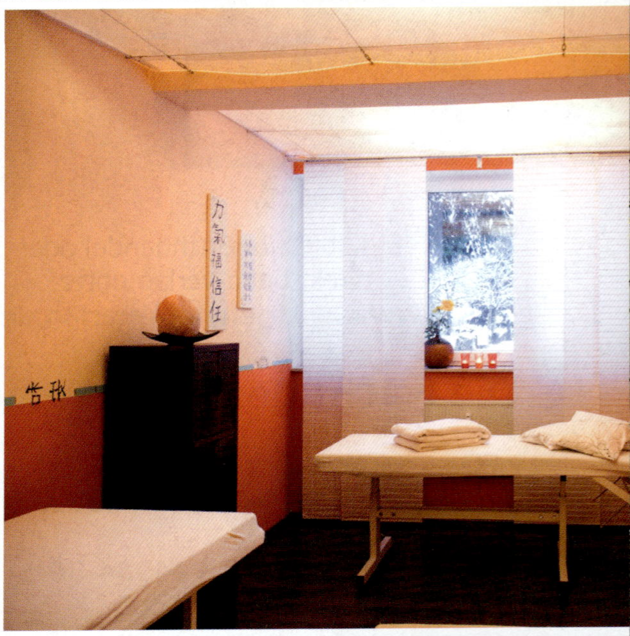

in Bad Wörishofen

**Oder einfach nur:
Urlaub, Wandern, Radeln, Wellness, Schlemmen.
Und die wunderschöne Südseetherme
ist gerade mal 500 Meter entfernt.**

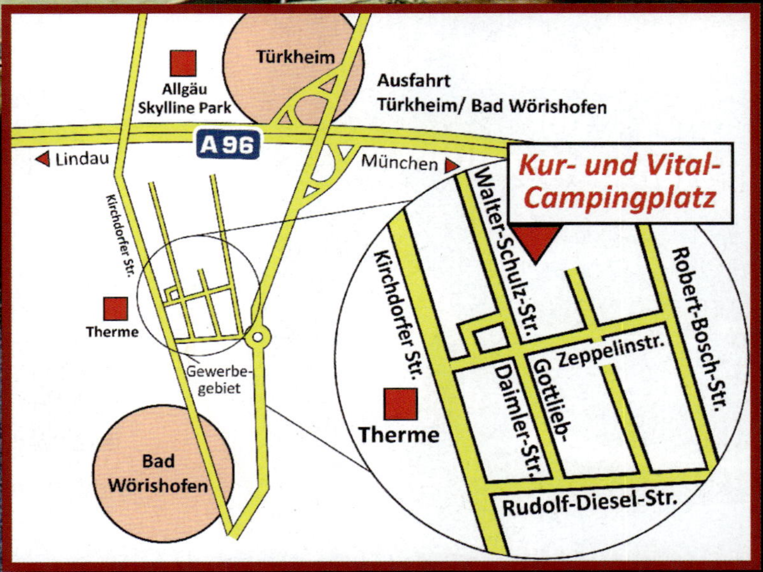

Walter-Schulz-Str. 4
86825 Bad Wörishofen
Tel. +49 (0) 8247 - 9973735
www.kurcamping-bad-woerishofen.de
SG-83729
Klasse statt Masse ist die Devise und als Spezial-Gast des Hauses kann man Hans-Paul Schermer bezeichnen.

Wie wird man erfolgreich?

So schaffen Sie es auch, egal ob beruflich oder privat.
Das Erfolgsrezept von Hans-Paul Schermer
als Wegweiser zum eigenen Erfolg im neuen Buch:

Der König der Heiratsvermittler

Mit mehr als 250 TV-Ausstrahlungen über Camping, ist er der bekannteste Camper Europas. RTL bezeichnete ihn einmal in einer Reportage als König der Camper! Mit einem Augenzwinkern und viel Herz dreht er seine Sendungen.
Allein mit seinem Carthago Reisemobil hat er bis heute über 190 TV-Ausstrahlungen.
Mein Mega-Liner, freut sich Schermer, ist wohl das bekannteste Reisemobil Europas! Allein die „Glamour-camper“ wurden bis heute auf ZDF INFO, VOX und RTL über 70 Mal ausgestrahlt.
Gerne ist er seit Jahren Stammgast mit seinem Reise-mobil auf dem Kurcampingplatz in Bad Wörishofen, der von Frau Fuhrmann vorbildlich geleitet wird.

Zitat Hans-Paul Schermer:
„Hier fühle ich mich rundum wohl, hier wartet man auf mich und hier fühle ich mich zu Hause.“

Herz, was willst Du mehr…

ISBN: 978-3-944354-06-4
Preis: 19,80 €

Erhältlich im Buchhandel oder direkt beim Verlag unter:
www.wittgenstein-verlag.de

Hans-Paul Schermer

Glaube schafft Siegeskraft

Ein Spruch aus der Bibel

**Wenn man an etwas glaubt,
sollte man sich diesen Glauben als Ziel setzen.**

Zum Beispiel: Ich glaube daran, dass ich einmal erfolgreich und vermögend werde.
Das sich als Ziel setzen und dem nachgehen, mit ganzer Kraft, mit ganzem Einsatz, mit ganzem Können. Und von morgens bis abends an diesen Erfolg denken, aber auch danach handeln. Alles weglassen, was einem schaden könnte. Ob das falsche Investitionen sind oder falsche Freunde – alles weglassen, was nicht passt. Nur auf dieses eine Ziel konzentrieren und jedes Mal denken: Könnte das meinem Ziel, um ihm näherzukommen, dienlich sein?
Alles Negative weglassen, auch Fehlentscheidungen, die jeder mal macht im Leben, und sich nur auf das Positive konzentrieren. Wenn man das schafft, bringt Glaube Siegeskraft.

Um erfolgreich und vermögend zu werden ist aber auch noch ganz wichtig, was ich selbst erst lernen musste: Möglichst sparen. Sparen hört sich an wie schwäbisch, aber es geht nicht anders. Denn jeden Cent, den man zur Seite legt, den hat man auch. Dann ist man auch eines Tages erfolgreich und kann sich kleinere und größere Wünsche erfüllen.

Also, wenn Sie einen ganz besonderen Wunsch haben, egal welcher Natur, dann arbeiten Sie darauf hin und glauben daran, dass es klappt, und das heißt:

Glaube schafft Siegeskraft!

Wenn ich daran glaube und mein Ziel verfolge, werde ich mein Ziel auch erreichen. Ich muss aber auch danach handeln, woran ich glaube!

Viel Erfolg,
Ihr Hans-Paul Schermer.

Béla Bartha

Durch Kampfsport zur Erkenntnis:

„Der bedeutendste Kampf ist der mit uns selbst“

...hier mit 14 Jahren

Ich war zehn Jahre alt, als ich mit dem Kampfsport begann. Der Auslöser dazu war ein Streit, welchen ich durch meine Provokation ausgelöst hatte. An diesem Tag spielten ein paar ältere Jungs Fußball, nicht weit weg von unserem Haus. Ich forderte sie ständig mit Sprüchen heraus, aber die reagierten einfach nicht. Da dachte ich mir, also gut, dann versuche ich etwas anderes. Ich eilte nach Hause, um mir eine Art Schlagring zu holen. Natürlich keinen richtigen, ich hatte den Ring von einem Wasserhahn in unserem Garten abgeschraubt. Aber in dieses Metallstück passten meine Finger echt gut rein, so dass ich damit wieder zu diesen Jungs zurückkehrte. Als ich ihnen meine metallbewehrte Faust drohend entgegen reckte, reagierten die Jungs blitzschnell. Sie rannten los, um mich zu erwischen. Als ich bemerkte, dass ungefähr acht Jungen mich hartnäckig verfolgten, bekam ich es mit der Angst zu tun und rannte mit allen Kräften in Richtung unseres Hauses. Doch es reichte nicht, auf halbem Weg holten sie mich ein, kreisten mich ein und schlugen mich nieder. Die ziemlich harte Lektion schmerzte sehr, umso mehr auch meine Kleider zerrissen und die Schuhe weggeflogen waren.
Ein paar Tage später packte es mich erneut und ich begann, die gleichen Jungs wieder zu provozieren. Doch dieses Mal kam die Reaktion postwendend: Sie erwischten mich wieder und verprügelten mich gehörig.

Wenn ich heute zurückdenke und mich frage, warum ich damals unbedingt provozieren wollte, dann kann ich es so definieren: Es war so ein Gefühl, besser zu sein und es auch zu zeigen. Ich brauchte Aufmerksamkeit und wollte im Mittelpunkt stehen. Es war ein Gefühl von Macht. Später machte ich diese Erfahrung noch oft, wenn ich hörte, dass da ein anderer Kampfsportler ziemlich gut kämpfe. Dann wollte ich unbedingt mit diesem trainieren, um mir und anderen zu beweisen, dass ich doch noch besser sei.

Heute weiß ich, dass eine Zusammenarbeit mit Erfahrungsaustausch der richtige Weg ist. Ich habe realisiert, dass im Leben nicht der Wettbewerb wichtig ist, sondern eben die Zusammenarbeit im Hinblick auf einen gemeinsamen Weg. Eine Zusammenarbeit, welche niemanden benachteiligt. Wenn wir aufhören, nach gut oder schlecht zu beurteilen, dann entsteht die Möglichkeit für etwas Neues, nämlich die Einzigartigkeit des Lebens und die Menschen zu erkennen. Denn eines ist sicher, alles hat seinen Sinn im Leben. Wir müssen aber unsere Aufmerksamkeit von der Oberflächlichkeit in die tiefsten und gleichzeitig höchsten Gefühle von uns selbst lenken und uns darauf konzentrieren. So ist es möglich, zu realisieren, wer wir wirklich sind, und bewusste, verantwortungsvolle Entscheidungen zu treffen.

Trainieren, trainieren...

...hier mit 18 Jahren

Dieser Tag, als ich das zweite Mal verprügelt wurde, war für mich ein Wendepunkt in meinem Leben. Ich beschloss darauf tief in meinem Herzen, dass mich in Zukunft niemand mehr schlagen werde. Weil ich mich, wenn es darauf ankommt, immer verteidigen würde.
Dann begann ich, Kampfsport zu betreiben. Zuerst Shotokan Karate, aber dann wollte ich auch was anderes ausprobieren, also lernte ich Taekwon-Do und anschließend auch noch Kung-Fu. Ich war wie ein Schwamm, saugte ich doch alle Kampfkünste in mich auf.

Insgesamt hatte ich zwölf Lehrer in jeweils verschiedenen Kampfsportarten.
Ich lernte sehr schnell und war sehr gut in dem, was ich da gerade mit Eifer betrieb. So entschied ich mich, den Kampfsport zu meinem Beruf zu machen. Bereits mit fünfzehn erteilte ich den ersten Privatunterricht. Ich stand von da an immer auf der Seite der Schwächeren, konnte aber nicht akzeptieren, dass jemand besser oder stärker war als ich. Dadurch geriet ich immer wieder in Konflikte.

Je mehr ich mich mit der asiatische Kampfkunst beschäftigte, desto klarer und bewusster wurde mir, dass die Lebensphilosophie, welche dahinter steckt, viel wichtiger ist als der Kampf.

Heute nach über 30 Jahren Erfahrung unterrichte ich ganz anders. Die ganzen Bewegungen, welche wir machen, sind nur sehr oberflächlich im Vergleich zu dem, was wir an Möglichkeiten zum Bewegen hätten. Das zu erkennen, ist der Weg zu innerem Frieden.

Denn was wirklich wichtig ist,
sind unsere Gedanken und Gefühle.
Sie sind zwar unsichtbar, dennoch aber
eine mächtige Kraft, weil sie
alle unsere sichtbaren Erfahrungen erschaffen.

Alle meine negativen und positiven Erfahrungen
habe ich durch meine Denkweise selbst erschaffen.

Wenn ich Kampfsport lerne,
um zu beweisen, dass ich besser bin als der andere,
dann muss ich mich nicht wundern,
wenn ich ständig in Konflikte gerate.

Ich traf viele Menschen, die mich provozierten, und ich wusste nicht warum. Bis ich dahinter kam, dass ich diese innere Einstellung seit meiner Kindheit in mir trage. Also musste ich dies erst erkennen, um es dann loslassen zu können.

Plötzlich provozierte mich niemand mehr.

Vorbilder und Idole

Viele Menschen haben Vorbilder, Idole,
und sie richten ihr Leben nach diesen Berühmtheiten aus.
Es ist nichts daran auszusetzen, positive Vorbilder zu haben,
aber es ist wichtig, sich selbst dabei nicht zu verdrängen, zu vergessen.
Jeder sollte eigene Ziele haben, um seinen Lebensweg
authentisch zu gehen und eigene Erfahrungen zu machen.
Jeder Mensch hat eine wunderbare Persönlichkeit
und einzigartige Gaben, Talente und Fähigkeiten.
Es ist Zeit, dass jeder die Verantwortung übernimmt für seine eigene
Persönlichkeit, seine ganz persönlichen Gaben, und diese auch lebt.
So entsteht die Möglichkeit eines neuen Bewusstseins,
geprägt durch jene innere Harmonie,
die unsere Lebenserfahrungen positiv beeinflusst.
Das ermöglicht es, die Einzigartigkeit zum Ausdruck zu bringen,
die tief in uns allen ist.

Eine Begegnung mit Vitali Klitschko

Ich lernte Vitali Klitschko, den berühmten Boxer, in Los Angeles kennen,
und wir führten sehr interessante Gespräche über positives Denken.
Er bestätigte mir, wie wichtig es sei, in jeder Lebenssituationen positiv zu sein
und alles bewusst wahrzunehmen, um daraus für die Zukunft zu lernen.
Wir unterhielten uns auch über die innere Balance und wie wichtig diese ist,
damit die äußeren Einflüsse des Lebens uns nicht zu negativ beeinflussen.
Wir stellten gemeinsam fest, dass eine Möglichkeit, diese innere Balance zu finden,
der Sport ist – bei uns zum Beispiel Kampfsport und Boxen.
Vitali Klitschkos Herzlichkeit hat mich sehr beeindruckt.
Das Gespräch hat mich in meiner Lebenseinstellung bestärkt,
und ich habe dadurch erkannt, dass ich mich auf dem richtigen Weg befinde.

Nur mit einer positiven Einstellung kommt man zum Ziel!

Alles beginnt in uns selbst

Seit ich mit Kampfsport begonnen habe, interessiere ich mich sehr für unser Denken. Mich fasziniert, wie einzigartig wir sind – in allem, was wir tun. Seit ein paar Jahren beschäftige ich mich auch mit Quantenphysik. Sie bestätigt, dass alles möglich ist und nichts für sich allein existiert, sondern alles über eine ganz bestimmte Schwingung miteinander verbunden ist. Unser Denken und unsere Gefühle beeinflussen die Erfahrungen, die wir in unserem Leben machen.

Als ich das erkannt hatte, veränderte mein Leben sich total in eine positive Richtung. Zu erkennen, dass ich nicht meine Gedanken bin, sondern meine Gedanken beobachten kann, führt zu großer Gelassenheit und innerem Frieden. Ich bin der, der alles erkennt und der durch bewusste Entscheidung die Wahl hat, es in meinem Leben zuzulassen oder nicht.

Es ist wichtig, dass wir die volle Verantwortung für unsere Handlungen und unser Leben übernehmen. Jeder trägt die Kraft in sich, Lebenserfahrungen in eine positive oder negative Richtung zu lenken. Doch nur wenige erkennen das. Meist sind wir in Gedanken verloren und dadurch von uns selbst abgelenkt. Einer der größten Quantenphysiker unserer Zeit, Hans-Peter Dürr, bestätigt, dass alle unsere Gedanken und Gefühle unser Leben und unsere Erfahrungen beeinflussen. Der Bestsellerautor Eckhart Tolle sagt, dass Klugheit ohne Weisheit gefährlich und destruktiv sei. Auch ich bin dieser Meinung. Deshalb finde ich, dass es wichtig ist, über diesen Satz bewusst nachzudenken, um vielleicht jene Wahrheit zu erkennen, die über das normale Denken hinausgeht.
Irgendwann habe ich mich gefragt, warum ich immer in Lebenssituationen gerate, die ich gar nicht will, und ich begann damit, mich selbst zu beobachten. Ich habe beobachtet, wie ich denke, wie meine Gefühle zu mir selbst und anderen gegenüber sind und wie ich auf Situationen reagiere. Nur tiefste Ehrlichkeit gegenüber mir selbst zeigte mir den Weg aus diesem Labyrinth der Gedanken. Es ist das ständige Beurteilen, das immer zu allem einen Kommentar haben, egal ob ausgesprochen oder in Gedanken, das uns davon abhält, authentisch zu sein. Zum Beispiel: Der ist aber hässlich! Oder: Ich mag nicht, wie sie/er redet! Oder: Wie kann er/sie nur so ein Auto fahren? Oder: Ich bin viel besser als er/sie in diesem oder jenem! Oder: Wenn er/sie es so machen würde, wie ich es für richtig halte, wäre es gut.

Die Beispiele wären endlos, und daran ist zu erkennen, dass unsere Gedanken ständig durch unseren Kopf fließen und Konflikte hervorrufen. Wenn wir das Leben dagegen nur beobachten und zulassen, es sein lassen, wie es ist, öffnet sich uns ein Bereich tiefer Zufriedenheit. Immer alles zu beurteilen, bringt große innere Unruhe in unser Leben. Lebenssituationen und Umstände, die schon passiert sind, nicht akzeptieren zu können und ständig über sie zu klagen, ist Selbstsabotage. Wenn wir negative Bemerkungen und Gefühle haben, ziehen wir genau solche Situationen in unserem Leben an.

Ich habe erkannt, dass man auch durch Gedanken und Worte anderen schaden kann, genauso wie durch körperliche Gewalt. Alles, was wir anderen antun, egal in welcher Form, kommt auf uns zurück, da wir in einer Dualität leben. Durch diese Dualität finden wir unsere eigene Verhaltensweise in verschiedenen Situationen und Personen, die uns begegnen, gespiegelt. Dualität ist der Zustand, in dem wir auf dieser Erde leben. Durch diesen Zustand lehrt uns das Leben, nicht durch unseren Verstand zu handeln, sondern durch unser Herz. Deshalb werden wir bestimmte Situationen so lange immer und immer wieder erleben, bis wir erkennen, dass wir uns ändern müssen, um Neues zu schaffen.

Daher ist es wichtig, einander zu akzeptieren, uns mit Respekt zu begegnen und nichts zu tun, wodurch wir jemanden schaden könnten. Das Leben hält sich immer in Balance und lehrt uns, jeden Moment bewusst und verantwortungsvoll mit uns selbst und mit anderen umzugehen.

Die meisten unserer Gedanken setzen sich aus vergangenen Erlebnissen zusammen und wiederholen sich ständig. Alles, was wir jetzt erfahren, sind Ergebnisse unserer früheren Überzeugungen. Deswegen ist dieser Moment der richtige Zeitpunkt für einen Neubeginn, um die alte Denkweise zu erkennen und eine neue zuzulassen. Unser Körper kommuniziert ständig mit uns und zeigt uns durch verschiedene Signale unseren seelischen Zustand. Es ist sehr wichtig, dass wir auf diese Signale achten und uns ein paar ruhige Minuten gönnen – durch Meditation oder einfach, indem wir uns in einem stillen Moment fragen, welche Bedeutung diese Signale haben. In Stille und absoluter Ehrlichkeit zu uns selbst werden wir die Antwort finden.

Auch ich musste lernen loszulassen, nicht mehr an bestimmten Dingen, Vorstellungen und Überzeugungen festzuhalten. Denn das alles führt zu innerer Spannung und Unzufriedenheit. Wenn etwas nicht so ist, wie wir es uns vorstellen, ist es wichtig, es einfach loszulassen und es aus tiefstem Herzen so zu akzeptieren, wie es ist.

Wir können uns Ziele setzen und planen, dürfen aber nicht leiden, wenn es nicht sogleich funktioniert, sondern müssen loslassen und weitermachen. Vieles, was im Leben geschieht, können wir nicht verstehen, doch alles hat einen Sinn, und eines Tages werden wir es verstehen.

Unser momentaner Bewusstseinszustand ist maßgeblich für die Erfahrungen, die wir machen. Daher ist es so wichtig, absolut ehrlich mit uns selbst zu sein, um zu erkennen, warum wir gerade diese Erfahrungen machen.
Unsere eigene Meinung zu haben und ja oder nein zu sagen zu verschiedenen Situationen, ist vollkommen in Ordnung. Doch wir sollten dabei keine negativen Gefühle oder gar Hass entwickeln. Es ist auch wichtig, dass wir nichts persönlich nehmen, denn alle Meinungen sind nur ein Bündel von Energie, die nichts mit meiner persönlichen Wahrheit zu tun haben.

Jeder lebt in seiner eigenen Wahrheit und in seinen eigenen Überzeugungen.

Dekorativer Kalender für 2016

mit Lebensweisheiten und Sprüchen zum Nachdenken
hochwertig & edel, 13 Doppelseiten A4, Maße ca. 42cm x 30cm
Abb. aller Kalenderblätter im Internet: *www.wittgenstein-verlag.de*

ISBN: 978-3-944354-26-2
Preis: 14,90 €

Der einfache Weg zur Weisheit

Auf was kommt es im Leben wirklich an? Wir alle besitzen sehr starke Fähigkeiten und könnten diese auch ganz bewusst zu unserem Wohlergehen einsetzen. Dieses Buch ist für alle Menschen zum Selbststudium gedacht, damit Jeder sein volles Potenzial entfalten kann, sich selbst helfen und dieses Wissen dann auch an seine Kinder und Enkelkinder weiter geben kann.
Taschenbuch, 57 Seiten

ISBN: 978-3-944354-00-2
Preis jetzt nur: 5,90 € statt vorher ~~8,90 €~~

Foto: © Otto Hahn

Die Kalender und Bücher sind erhältlich im Buchhandel oder direkt beim Verlag unter: www.wittgenstein-verlag.de

Béla Bartha unterrichtet als MARTIAL ARTS PERSONAL TRAINER

Kontaktdaten:
Telefon: +49(0)1520 9155518
E-Mail: barthabela.b@gmail.com

Deutsch

Englisch

DIE UNERMESSLICHKEIT IN UNS

Wegweiser zum inneren Licht von Béla Bartha

50 Seiten in Farbe

Die Schönheit der Natur entspringt einer Bewusstseinsebene, welche in ständiger Verbindung mit der Stille des Lebens ist. Diese Stille ist überall in uns und um uns herum. Sie ist ständig präsent. Sie verkörpert die nicht wahrnehmbare Lebenskraft sowie alle Erscheinungen auf der Erde und im gesamten Universum. (Also die fließende, pure Lebensenergie, woraus alle sichtbare Materie entsteht.) Wir können uns mit dieser Lebenskraft jederzeit verbinden, da sie jeden Moment durch alle unsere Körperzellen fließt. Wir müssen uns nur auf die Schwingung der Stille einstellen. Sie ist der Ursprung unseres wahren Selbst.
Wenn wir die Bilder und die Wörter auf uns wirken lassen, entsteht eine tiefe Zufriedenheit. Diese Zufriedenheit gibt uns die Möglichkeit, das Leben mit einem neuen Bewusstsein wahrzunehmen.

ISBN: 978-3-944354-16-3 (Deutsch)
ISBN: 978-3-944354-24-8 (Englisch)

Preis: 6,95 €

Orientierung?

Der Braunbär Oskar flüchtet aus Deutschland in das Schweizer Rheintal. Dort trifft er einen Artgenossen.

„Grüezi, Bruder, woher kommst du? Und wohin führt dich dein Weg?“
„Ich komme aus Deutschland, wo man Jagd auf mich gemacht hat. Ich suche ein neues Zuhause!“
„Oh je, Deutschland ist doch, was die Orientierung angeht, so schwierig! Da wirst du es hier bei uns einfacher haben.“
„Wieso wegen der Orientierung? Das verstehe ich nicht!“
„Ist doch ganz einfach: Bei uns hast du im Osten, Süden und Westen markante Berge, doch im Norden gar keine. Da kommt der Bodensee. Anhand der unterschiedlichen Berge weiß man immer, wo man gerade ist. In Deutschland ist das anders: Da kann man sich höchstens an der Sonne orientieren. Doch wenn der Himmel bewölkt ist, ist das schwierig.“
„Ah ja, ich verstehe, du hast recht. Dann werde ich die Rheintalberge jetzt gleich näher erkunden.“

DER SINN DIESES LEBENS

Mama, warum gibt es Gut und Böse?
Warum muss ich andere fressen, um zu überleben?
Was ist der Sinn dieses Lebens?

Foto: © Otto Hahn

Der Sinn dieses Lebens ist Lernen, um durch Bewusstheit dem Mangel zu entkommen.

Denn hier auf der Erde leben wir in der unvollkommenen und unvollendeten Natur. Wir existieren in der Materie, die von den Gegensätzen, der Dualität, geprägt ist. Diese Materie wird auch als Finsternis bezeichnet, welche durch unersättliches/unendliches Verlangen und Begehren aus dem Mangel heraus entsprang. Materie ist daher auch nur in den untersten/dunkelsten/dichtesten Bereichen wahrnehmbar. Je höher sie ins Licht aufsteigt, umso weniger wird sie wahrnehmbar.
In jenes Licht, welches losgelöst ist von jedem Gegensatz, das außerhalb und über jedem Bewusstsein und jeder Wahrnehmung überall als Ganzes existiert. Einige wenige Lebewesen, die schon einmal fast gestorben sind (Nah-Tod-Erfahrung), haben dieses Licht bereits gesehen und gespürt.

Erika Rojas

Naturgesetze und Dualität...

Gegensätze in der Natur bilden zusammen ein Ganzes und können nicht ohne einander sein, wie Tag und Nacht, Geburt und Tod, oben und unten. Der Tag kämpft nicht gegen die Nacht. Die Geburt verneint nicht den Tod. Es gibt kein Werten in der Natur, denn alles ist notwendig als Teil des Ganzen. In der Natur gibt es nichts Böses, Armes, Dummes oder Hässliches.

Giordano Bruno
beschreibt diese wertfreie Ganzheit in der Natur:

Wenn im Schoß der Natur
nicht alles vortrefflich ist,
und sie mehr als nur ein Monster gebiert,
darfst du deshalb doch nicht das gewaltige Werk
dieser machtvollen Künstlerin tadeln,
denn etwas mag gering sein,
schwach und ohne Bedeutung
und trägt doch dazu bei,
den Adel des Ganzen zu vollenden.
Denn ist ein Bild dann am besten gelungen,
wenn überall nur die schönsten Farben
des Goldes oder Purpurs erglänzen?
Muss nicht auch das Schwarz
aus dem Rauch erglimmen?

Auf der Einheit der Gegensätze beruht alles, vom Kleinsten bis zum Größten. Das Atom wird durch die gegensätzliche positive und negative Ladung seiner Teile zusammengehalten und bildet ein Ganzes. Im Weltall umkreisen die großen Himmelskörper einander, und durch die gegensätzlichen Kräfte von Anziehung und Fliehkraft verbinden sie sich zu harmonischen Systemen, in denen Leben erst möglich wird. Durch die Verbindung von Weiblichem und Männlichem pflanzt sich das Leben fort und entwickelt sich zu Tausenden und Abertausenden von unterschiedlichen Organismen.

Auch der Mensch sehnt sich nach bedingungsloser Akzeptanz, wie eine Mutter ihr Kind akzeptiert oder die Natur alle Wesen. Dennoch hat sich der Mensch eine eigene Welt der wertenden Dualität erschaffen. Auch hier gibt es Gegensätze, die jedoch kein Ganzes bilden, das sich zusammenfügt und harmoniert, sondern Gegensätze, die voreinander fliehen, die sich meiden und die nicht zusammen in einem Menschen existieren können. Wer reich ist, der ist nicht arm, wer schön ist, der ist nicht hässlich, wer gut ist, der ist nicht böse. Der Mensch sagt: „Ich bin ..." und meint gleichzeitig: „Ich bin nicht ..." „Ich bin schön, gut und reich, und ich bin NICHT hässlich, böse und arm." Auf diesem „Ich bin ..." beruht der Selbstwert des Menschen, sein Ich.
Doch auch hier bedingen Gegensätze einander, denn wenn jemand sagt: „Ich bin gut", muss es einen anderen Menschen geben, der als böse bezeichnet wird, denn sonst könnte sich niemand selbst als gut definieren. So erschafft das Gute das Böse als seinen notwendigen Gegenpart und das Schöne das Hässliche.

Laotse sagte im Tao Te King:

Wenn auf Erden alle das Schöne
als schön erkennen,
so ist dadurch schon das Hässliche gesetzt.
Wenn auf Erden alle des Gute als gut erkennen,
so ist dadurch schon das Nichtgute gesetzt.

Die Jagd nach dem Selbstwert treibt den Menschen an, und je höher sein Selbstwert wird, umso größer wird auch die Angst vor der anderen Seite der Dualität. Den Reichen treibt die Angst vor der Armut, der Erfolgreiche hat Angst vor dem Versagen, die Schöne fürchtet die ersten Falten. Gleichzeitig erblühen auf der anderen Seite der kulturellen Selbstwertspirale Hass, Neid und Ressentiment. Diejenigen, die erfolglos sind oder arm oder die sich als hässlich empfinden, kämpfen gegen ihren Gegenpart, durch den sie sich entwertet fühlen. Sie werden aggressiv oder depressiv, und ihr Neid vergiftet das soziale Klima und kommt schließlich auch bei den Bevorzugten an, als diffuse Angst und Unruhe. Auf die dualen Wertungen folgen Gewalt, Gesetze und Unterdrückung.
So wurde der Mensch zum Sklaven seines Ichs.
Es zwingt ihn, jenseits aller Notwendigkeit des Überlebens immer mehr und mehr Dinge anzuhäufen, die ihn zu bestätigen scheinen. Der Reiche könnte mit einem Bruchteil seines Vermögens noch bequem leben, und doch hat er panische Angst um seinen Reichtum.

Foto: © Otto Hahn

Der Erfolgreiche wird auch geliebt, wenn er manchmal versagt, ja vielleicht sogar dann ganz besonders, und doch könnte es ihn sogar in den Selbstmord treiben, sich als „Loser“ empfinden zu müssen. Ein paar Fältchen machen es nicht unmöglich einen Partner zu finden, und doch sind viele Menschen bereit, ihre Gesundheit zu riskieren, um mit zweifelhaften Mitteln oder unter dem Messer des Schönheitschirurgen ihr jugendliches Aussehen zu bewahren.

Was also treibt den Menschen an?
Was ist dieses Ich?

In der Bibel gibt es die Geschichte vom Baum der Erkenntnis des Guten und des Bösen. Es scheint jedoch, als ob dort nur die Hälfte der Geschichte erzählt wird. Ich werde versuchen, sie zu ergänzen.

Ein Mann und eine Frau erkannten sich im anderen und sagten Du und dann Ich. Sie fragten Gott:
„Wer ist Ich und wer ist Du?“
und Gott antwortete:
„Dich, Frau, nenne ich Lilith und dich, Mann, nenne ich Adam. Seid willkommen im Reich des Bewusstseins. Von allen Bäumen in meinem Reich dürft ihr essen, nur nicht vom Baum der Erkenntnis des Guten und des Bösen.“

Lilith bekam Kinder. Ihren ältesten Sohn nannte sie Kain. Als Lilith sich deshalb weniger um ihn kümmerte, wurde Adam unzufrieden, und er suchte sich eine andere Frau. Sie hatte jedoch kein Bewusstsein, und Adam klagte bei Gott:
„Gott, ich will diese Frau für mich. Gib ihr einen Namen und mache sie wie mich!“
Da sprach Gott:
„Dich werde ich Eva nennen, und da du nur durch den Willen Adams einen Namen bekamst, musst du ihm untertan sein.“

Auch Eva bekam Kinder. Ihren ältesten Sohn nannte sie Abel. Doch nach einiger Zeit sehnte sich Adam wieder nach Lilith, und Eva litt unter Adams Untreue. Eines Tages, als sie den Baum der Erkenntnis des Guten und des Bösen sah, dachte sie:
Sicher hat Adam nur gesagt, dass ich nicht von diesem Baum essen darf, damit ich nicht so stark wie Lilith werde.
Und sie aß von der Frucht. Sie brachte auch Adam eine Frucht, und nachdem sie beide davon gegessen hatten, sagte Eva, während sie auf Lilith zeigte:
„Sie ist böse“,
und Adam bestätigte:
„Sie ist böse“.
Dann zeigten sie auf Liliths Kinder und sagten:
„Sie sind böse.“
Dies machte Lilith zornig, und so aß auch sie von dem Baum. Nachdem sie es getan hatte, sagte sie zu Kain, während sie auf Abel zeigte:
„Töte ihn!“
Und Kain tat es.

Als Gott dies sah, verjagte er die Menschen und sagte: Eva, die als erste von dem Baum aß, und ihre Nachkommen werden die Guten und Gerechten sein. Liliths Nachkommen, die als letzte von dem Baum aßen, werden die Bösen und Verfolgten sein. Adam, der in der Mitte stand, wird zerrissen sein zwischen Gut und Böse, zwischen Verachtung und Begehren.

Das Du ist der Spiegel des Ichs, und in diesem Spiegel sieht der Mensch sich selbst. Er erkennt, dass es sein Schicksal ist, zu leiden, Gefahren ausgesetzt zu sein und zu sterben. So formt er sich ein Ich, ein Ego, das stark ist, stärker als andere, das wie in einer Linse seine dem Leid und Tod ausgelieferte Existenz vergrößert und wertvoller macht. Er erdenkt Religionen und Ideologien, die ihn erhöhen, ihn zum unsterblichen Diener Gottes und zum unverwundbaren Helden machen. Er erfindet Maschinen, durch die er stärker, mächtiger und schneller ist als jedes andere Lebewesen auf diesem Planeten.

In allen Kulturen gibt es Begründungen für die gesellschaftlichen Werte, es gibt Mythen und Dogmen, Geschichten von Geboten und Tafeln, die von den Göttern gegeben wurden, Erzählungen von weisen Frauen und mächtigen Männern, die Gesetze und Regeln gaben. Doch wer sollte entscheiden, ob es die Machtgier der Priester, die Eifersucht der Frau oder die Angst vor dem Tod war, durch die der Mensch begann, sich Werte, Tafeln und Normen zu geben?

Es scheint, als ob der Mensch ein kultur- und werteschaffendes Wesen ist, wie die Vögel Nester bauen und der Albatros um die Erde kreist, denn ohne ein stabiles Ich kann der Mensch nicht existieren. Aber für dieses Ich benötigt er einen sozialen Rahmen, braucht er die Bestätigung durch andere Menschen, denn jeder kulturelle Wert beruht auf gesellschaftlicher Übereinkunft.

Warum wird Gold mehr geschätzt als Nahrung?
Warum wird der Fahrer eines teuren Wagens beneidet oder bewundert?
Warum fühlen sich Menschen wertvoller, wenn ihre Wohnungen größer, ihre Kleider teurer, ihre Smartphones moderner sind?

Ohne soziale Übereinkunft wäre ihr Selbstwert nur eine Illusion.

Auch die Moral ist nur eine Übereinkunft, die vorschreibt,
wer sich als gut fühlen darf und wer als böse bezeichnet wird.
Sich diesem Konsens entziehen zu wollen, kann sehr gefährlich sein
und führt hart an die Grenzen des Menschseins.
Trotzdem gibt es immer wieder Versuche, den Zwängen der Werte zu entkommen.

Nietzsche schrieb in Also sprach Zarathustra:

Siehe die Guten und Gerechten!
Wen hassen sie am meisten?
Den, der zerbricht ihre Tafeln der Werte,
den Brecher, den Verbrecher –
das aber ist der Schaffende.

Siehe die Gläubigen aller Glauben!
Wen hassen sie am meisten?
Den, der zerbricht ihre Tafeln der Werte,
den Brecher, den Verbrecher –
das aber ist der Schaffende.

Laotse sagte im Tao Te King:

Zwischen Gut und Böse:
was ist da für ein Unterschied?
(...)
Ich habe das Herz eines Toren,
so wirr und dunkel.
Die Weltmenschen sind hell, ach so hell;
nur ich bin wie trübe.
Die Weltmenschen sind klug, ach so klug;
nur ich bin wie verschlossen in mir,
unruhig, ach, wie das Meer,
wirbelnd, ach, ohne Unterlass.
Alle Menschen haben ihre Zwecke;
nur ich bin müßig wie ein Bettler.
Ich allein bin anders als die Menschen;
Doch ich halte es wert,
Nahrung zu suchen bei der Mutter.

Foto: © Otto Hahn

Manche rebellieren und sagen den Reichen, dass sie eigentlich arm sind. Sie nennen die Bösen gut und die Guten böse, suchen das Hässliche im Schönen und das Schöne im Hässlichen. Doch wer es zu weit treibt, wurde in anderen Zeiten vor die Inquisition befohlen und konnte leicht auf dem Scheiterhaufen landen. Heutzutage kann es sein, dass er Besuch von einigen netten weißgekleideten Herren erhält.

Wäre der Mensch nur ein Bewohner seiner kulturellen Welt, könnte er trotz allem zur Ruhe kommen. Doch in ihm schlummert immer noch genauso stark die Sehnsucht nach der verlorenen Einheit. Er gibt ihr viele Namen:

Gott, Transzendenz, Natur, Spiritualität.

Schlimmer noch:
Durch den Verlust der Einheit der Gegensätze verliert mit der Zeit auch das Ich seinen Sinn. Er versucht diese Sehnsucht nach Sinn zu betäuben mit Konsum, Alkohol, Drogen, Sex, aber all das ist nur ein schwacher Ersatz.

Deshalb kennt der Mensch als dritte Dualität neben der natürlichen Polarität und der kulturellen Dualität die existentielle Dualität, die ihn zwischen Natur und Kultur, Spiritualität und Moral, Emotionen und Norm stellt, sodass er nie wirklich zur Ruhe kommt.

Das wirft die Frage auf:

Was ist der Mensch?
Ein Tier mit Bewusstsein?
Ein sterblicher Engel?
Der Scherz eines grausamen Gottes?

In den meisten Kulturen bietet sich die Religion als Lösung der existentiellen Dualität an.

Die Priester erzählen:
Wenn ihr uns gehorcht, euch an die Regeln haltet, dann werdet ihr sowohl ein Ich als auch Sinnhaftigkeit und Einheit erhalten, denn wir sprechen sowohl für die Stabilität der Gesellschaft als auch für die Einheit des Seins in Gott oder in den Göttern oder im Nirwana oder in sonst einer Formulierung, die für Transzendenz und Spiritualität steht.

Aber die Priester lügen!
Denn nur wenigen ist es vergönnt, sich im Gehorsam selbst zu vergessen.
Sie werden Mystiker genannt oder Heilige.
Für die meisten religiösen Menschen wird die Religion zu einem Baustein ihres Egos, und sie sagen wieder:
„Ich bin ...“, und „Ich bin nicht ...“.
„Ich bin Christ und kein Heide!“,
„Ich bin Moslem und kein Ungläubiger!“,
„Ich bin Jude und kein Goi!“
Es gibt auch weltliche Formen von Religionen.
Sie werden Ideologien genannt. Es heißt dann:
„Ich bin Kommunist und kein Kapitalist!“,
„Ich bin Arier und nicht von unreiner Rasse!“,
„Ich bin gebildet und aufgeklärt und nicht ungebildet und abergläubisch!“

Wie auf die Werte in der Gesellschaft folgt auch auf die Identifikation mit Religionen und Ideologien Unfrieden und Hass. Nur ist die Lösung nicht mehr einfach mit Gesetzen und Unterdrückung herzustellen, sondern es kommt nur allzu oft zu Fanatismus, zum Krieg, zu Massenmorden und Vertreibung.

Nach Heraklit ist der Krieg der Vater aller Dinge.

Vielleicht ist auch dieser
existentielle Konflikt im Menschen notwendig,
um sein Bewusstsein weiterzuentwickeln,
fort von materiellen Kompensationen,
mit der er seinen Lebensraum zerstört,
fort von Fanatismus und Krieg,
fort von der Spaltung der Gesellschaft
in Arm und Reich,
von Verachtung und Hass,
Arroganz und Neid.

Aber es ist nicht Gott oder das Schicksal,
sondern der Mensch selbst,
der das entscheiden wird.

Foto: © Otto Hahn

Skorpion - Verlag

Die Bücher des Skorpion-Verlags sind
im Online Shop des Wittgenstein Verlags erhältlich unter:
www.wittgenstein-verlag.de

Jaffe und Baahn

von Erika Rojas, 202 Seiten
ISBN 978 398 0852 005
Preis: 18,50 €, Hardcover

Die noch jungen und unerfahrenen Götter der 4. Klasse brechen zu einer Projektarbeit auf. „Es gibt da ein recht kleines solares System am Rande der Galaxis. Einer seiner Planeten ist euer Ziel. Ihr werdet dort Religionen einsetzen", erklärt ihnen ihr Lehrer, Meister Tao. So machen sich der elegante Siva, die wilde Chaal, der kluge Buta, der strebsame Jaffe, die Zwillinge Issi und Ossi und die anderen Götter auf den Weg zur Erde.

Am Anfang schien alles in Ordnung, aber nach einiger Zeit ging es irgendwie schief. Die Religionen fingen an sich gegenseitig zu bekämpfen. Sie fingen sogar an, sich zu spalten und das Chaos war perfekt. Baahn, der zuerst nicht mitkommen durfte, wurde zur Erde geschickt, um das Problem zu analysieren. Was er herausfand, ließ sogar seinen Lehrer, Meister Tao, staunen....

Die Wahrheit

von Erika Rojas
978 398 0644 219
138 S, Preis: 17,00 €

Ein Fluch wird von der eigenen Großmutter über ein ungeborenes Kind gesprochen. Es wird dem Teufel versprochen. Das Kind wächst zu einer jungen Frau heran, die mit ihrem „Boss" eine Menge Abenteuer erlebt. Sie erfährt ihre Grenzen in einer schizophrenen Psychose, kämpft gegen gewissenlose Magier, taucht ein in die Magie der Naturgeister und unterhält sich mit den Geistern längst verstorbener Philosophen.

Am Ende muss sie den Weg zur Wahrheit suchen, um sich von dem Fluch und ihrer Verstrickung zu befreien.

Die Magie

127 Seiten, ISBN:
978 398 0644 204
Preis: 17,00 €

Die verschiedenen Arten des Bannens und Bezauberns:

Der Naturphilosoph Giordano Bruno (1548-1600) verfasste diese beiden Texte in lateinischer Sprache kurz vor seiner Verhaftung durch die Inquisition, die ihn 1600 zum Tod auf dem Scheiterhaufen verurteilte.

Beide Texte sind keine Anleitung zum Hexen oder Zaubern, sondern eine manchmal etwas frivole und launische Meditation über die ewige Frage „was die Welt im Innersten zusammenhält", andererseits jedoch auch eine Aufforderung, sich mit der eigenen Manipulierbarkeit auseinanderzusetzen.

Das dreifache Minimum und das Maß I. und II. Buch

978 398 0644 297
136 S, Preis: 17,00 €

Mit seiner Lehre vom Minimum widersprach der Naturphilosoph Giordano Bruno (1548 bis 1600) der herrschenden Meinung seiner Zeit, die an eine unendliche Teilbarkeit der Materie glaubte.

Denn ebenso wie im Größten, im unermesslichen Universum, offenbarte sich für ihn auch im Minimum, im kleinsten Teil, das Geheimnis von Transzendenz und Spiritualität.

Die Fackel der dreißig Statuen

978 398 0644 235
246 S, Preis: 39,00 €

Der Naturphilosoph Giordano Bruno (1548-1600) versinnbildlicht in der „Fackel der dreißig Statuen" abstrakte Begriffe in Gestalten der Mythologie. Es ist jedoch viel mehr als Gedächtniskunst, denn er entwirft ein kosmologisches Gesamtsystem einer lebendigen, einheitlichen, sinnvoll verknüpften Welt.

Als ein einziger Ursprung sind auf der einen Seite das Chaos und auf der anderen Seite das Licht, aus denen alles entsteht. „Wie durch ein Steinchen, das ins Wasser geworfen wird, immer neue Kreise entstehen..."

Das Unermessliche und Unzählbare

Der Naturphilosoph Giordano Bruno (1548-1600) wagte es, dem herrschenden Dogma seiner Zeit zu widersprechen, dass um eine feststehende Erde Kristallschalen kreisen, an denen die Sterne, die Sonne und der Mond befestigt sind. Er sagte, dass die Fixsterne Sonnen sind, die frei im Raum schweben, dass der Raum unendlich ist, und dass es unendlich viele Sonnen und Planeten gibt, die genauso wie unsere Erde bewohnt sind. Diese Vision stellte er in seinem lateinischen Werk „Das Unermessliche und Unzählbare, oder das Universum und die Welten" dar.

I. und II. Buch

978 398 0644 242
131 S, Preis: 17,00 €

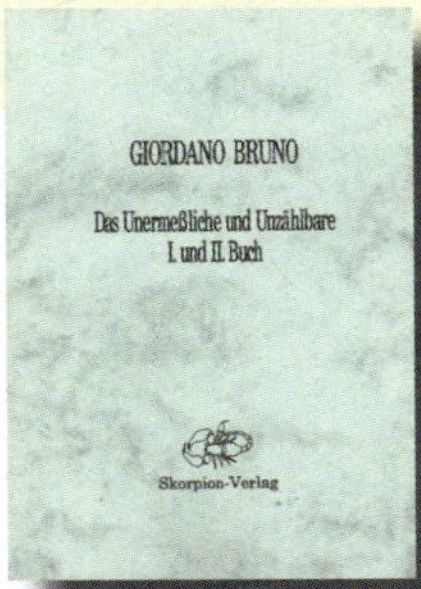

III. und IV. Buch

978 398 0644 259
219 S, Preis: 24,00 €

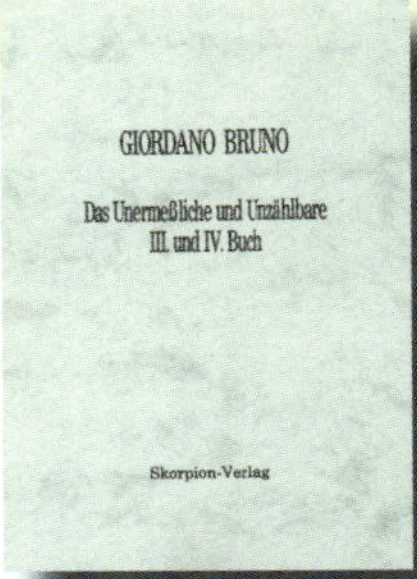

V. und VI. Buch

978 398 0644 273
144 S, Preis: 17,00 €

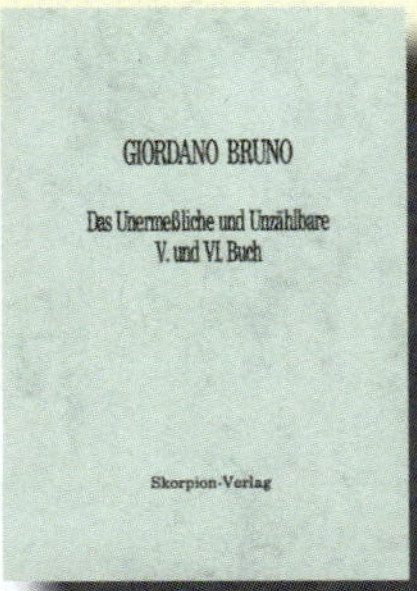

VII. und VIII. Buch

ISBN: 978 398 0644 280
88 Seiten, Preis: 17,00 €

Worte sind

Foto: © Otto Hahn

Energie
Worte sind Energie.
Sie klingen wie Musik in deinem Ohr oder
schmerzen wie ein Messer in deinem Herzen.
Drum gebe acht auf deine Worte,
denn die Energie, die du aussendest,
kommt zu dir zurück.
Mina Urban

Worte sind Energie. Sie klingen wie Musik in deinem Ohr oder schmerzen wie ein Messer in deinem Herzen. Drum gebe acht auf deine Worte, denn die Energie, die du aussendest, kommt zu dir zurück.

Worte sind wichtig. Da, wo sie fehlen, kommt es zum Stillstand. Wer sich nicht mitteilen kann, nimmt nicht viel vom Leben wahr. Wer die falschen Worte wählt, macht sich unbeliebt oder gar Feinde. Oft sind wir viel zu unvorsichtig mit dem, was wir sagen. Ganz besonders ich. Wie oft sage ich zu meinen Kindern dieselben Sprüche, die ich schon bei meinen Eltern gehasst habe! Wie oft spreche ich abwertend gegenüber meinem Partner, obwohl ich ihn doch über alles liebe! Etwas aussprechen, sich etwas von der Seele reden, das ist wichtig. Doch das „Wie" entscheidet über Erfolg oder Misserfolg.

Oft formulieren wir Dinge negativ, wo wir das Gleiche positiv sagen könnten:
„Das war ganz gut" statt: „Das hast du gut gemacht."
„Ich kann dich gut leiden" statt: „Ich mag dich."
„Du hast aber Mut" statt: „Ich bewundere dich."

Worte sind Energie. Der Klang von Worten hat Einfluss auf das, was wir hören. Wir können unser Gegenüber damit wertschätzen, ihm Gutes tun und ihm zeigen, wie sehr wir ihn mögen. Mit unbedachten Worten können wir ihn aber auch verletzen, ihn von uns stoßen, ja, einen nicht reparablen Schaden bei ihm anrichten – vor allem in der Kindheit. Doch das steht uns nicht zu. Keiner von uns hat das Recht, einen anderen anzufeinden, ihm Charaktereigenschaften vorzuwerfen oder gar Macht über seine Handlungen auszuüben.

Vor allem vergessen wir, dass Worte zu uns zurückkommen. Vielleicht sind es nicht Sätze die zu uns zurückkommen (und damit diese Energie zurückbringen), sondern Krankheiten, die uns aus der Bahn werfen. Wenn ich einen Menschen öffentlich niedermache und ihm damit seine Ehre nehme, verliere ich vielleicht meine Geldbörse oder sie wird mir gestohlen.
Das bedeutet nicht: Harmonie um jeden Preis. Hier geht es nicht darum, das, was einem nicht gefällt, stumm herunterzuschlucken. Nein, es geht darum, das, was mir nicht gefällt, dem anderen so zu sagen, dass es für ihn nicht verletzend ist. Dabei geht es nicht darum, wer „Recht hat". Jeder hat Recht auf seine Weise, aus seiner Sicht. Es geht auch nicht darum, den anderen zu erniedrigen, weil wir uns selbst erniedrigt fühlen. Es geht darum, Lösungen zu finden, die für beide stimmen. Denn: Viel zu selten suchen wir Lösungen, und viel zu oft sind wir damit beschäftigt, uns den Hals aus der Schlinge zu ziehen. Dabei wären Lösungen, die wertschätzend sind, für alle Beteiligten befriedigender und produktiver.

Das ist nichts, was ich mal so eben lernen kann. Es ist vielmehr ein Lernprozess, der ein Leben anhalten kann.
Das genaue Hinhören auf die eigenen Worte gehört dazu. Eine harte Aufgabe für mich, die ich für mein Leben gern rede! Ich erlebe auf diesem Weg immer wieder Rückschläge. Was sage ich eigentlich so? Kennen Sie das auch, dieses: „Hallo, wie geht's?" Und schon im nächsten Satz reden wir einfach weiter, ohne wirklich hinzuhören, was der andere uns erzählen will. Wir machen die Ohren zu.

Oder die Verkäuferin in der Bäckerei, die nach dem Brötchenkauf jedem Kunden immer und immer wieder „Einen schönen Tag!" wünscht. Es ist anerzogene Höflichkeit, berufliche Routine. Welche Energie haben diese Worte?
Kommen sie bei mir so an, wie sie gemeint sind? Beiläufig kommen sie an, unpersönlich, und ich gebe darauf ebenso beiläufige, unpersönliche Antworten: „Danke, ebenso!"
Schon habe ich vergessen, was ich gesagt habe. Und die Frau, die mir das Wechselgeld auf die Theke legt, ebenfalls. Statt kurz innezuhalten, zu lächeln und ganz bewusst für den guten Wunsch zu danken, ziehe ich meiner Wege.

Wer es geschafft hat, diesen Lernprozess zu durchlaufen, kann nicht mehr hassen. Er bewegt sich in tiefer Liebe zu den Menschen und allen Dingen auf dieser Welt.
Davon bin ich noch weit entfernt.
Viel zu wenig denke ich über das nach, was ich täglich sage.
Viel zu oft stelle ich mich selbst in den Mittelpunkt von Gesprächen und verlerne das Zuhören, das Hinhören.
„Mama, du sitzt schon wieder am Computer! Dann hörst du mir nicht zu!"
Solche Sätze höre ich von meinen Kindern.

Heute mache ich es mal anders.
Heute erzähle ich nicht über mich,
sondern höre aufmerksam hin.
Heute sage ich nur positive Dinge:
„Meine Lieben, ihr seid wertvoll für mich."
„Mama, ich habe dich auch lieb!"

Welch ein schöner Tag.

Das Lächeln meiner Seele oder warum ich Bücher schreibe

Geschrieben habe ich schon immer. Kein Tagebuch, nur so abschnittsweise, wenn ich traurig war oder mich jemand geärgert hatte. Mir machte es auch Spaß, zu besonderen Anlässen auf Karten schöne Gedanken zu formulieren. Auf die Idee, ein ganzes Buch zu schreiben, kam ich erst, als ich nach Abschluss der Familienplanung in ein großes Loch fiel. Was sollte ich jetzt tun? Meine Kinder wurden größer, ich kündigte schweren Herzens nach den sechs Jahren Elternzeit in der Firma, in der ich zehn Jahre beschäftigt gewesen war. Und nun? Was konnte ich gut? Verkaufen und Personal führen, das hat mir immer Spaß gemacht. Also wollte ich den Markt mit einem Buch über Verkaufstraining revolutionieren. Aber es schrieb sich nicht so schnell und flüssig wie ich dachte. Es stellte sich sogar beim Schreiben Langweile ein. Das konnte mein Weg nicht sein.

Am tiefsten Punkt der Verzweiflung klickte ich mehr zufällig auf einem Internetportal herum und fand die Homepage von Susanne Auffinger. Sie ist Medium und macht Aussagen zum Lebensweg und zur eigentlichen Bestimmung. Ein paar Tage verfolgte mich der Gedanke, Susanne einmal zu kontaktieren. Mein Verstand hielt mich jedoch davon ab.

Allerdings zog mich das Thema wieder derart an, dass ich ihr einfach eine Mail schicken musste.

Wir verstanden uns so gut, dass ich einen Termin zum

Reading („geistiges Sehen") per Telefon mit ihr ausmachte.
Ich kann mich noch wie heute an meine Aufregung erinnern, als ich die Nummer in Österreich wählte. Es dauerte nicht lang und Susanne nahm den Hörer ab. In leicht landestypischem Dialekt fragte sie gleich: „Was kann ich für dich tun?" und ich erwiderte nur: „Meine Aufgabe möchte ich kennen."

Es kreiste in meinem Kopf, mir wurde schwindelig und Susanne sagte: „Ja, ich sehe schon, es kreist und kreist in deinem Kopf. Dir tun sich sieben Wege auf. Aber jetzt musst du mir helfen. Die Wege kann ich nicht erraten. Was könnte es sein?" Ich fing an mit Tanzen, Reiki und dann erst sagte ich: „Schreiben?"- „Ja, das ist es. Du musst schreiben. Ich sehe eine ganze Reihe von Büchern.", sagte sie mir und ich fing zu lachen an, denn das mit dem Verkaufstrainer konnte es nicht sein. „Doch, dein Thema findest du jetzt bald."
Darauf fing es an in meinen Armen zu kribbeln, bis in die Fingerspitzen hinein. Wie eine Gänsehaut die nur an den Armen ist.
„Warte ab, du wirst schon sehen, ich habe recht", so machte Susanne mir Mut.
Mit diesen Worten endete das zehnminütige Gespräch. Und ich war sehr skeptisch. Doch irgendwie kam es so, dass ich mir dann alles von der Seele schrieb und wieder zurückkehrte zu dem Glück, das ich empfinde, wenn ich, wie in einer Meditation versunken, eintauche in einen Text. Dann ist es so, als würde alles aus meinen Fingern fließen und mein Kopf leer wird. Nur noch mein Herz gibt den Ton an und den Rhythmus, in dem ich tippe. Manchmal laufen mir die Tränen dabei über die Wange, aber meistens lächelt meine Seele und tiefe Zufriedenheit stellt sich ein.

Mein erstes Buch heilte einige Wunden in mir und ist deshalb sehr persönlich. Aber es öffnete auch die Schleusen für noch mehr. „Verschmähte Träume" ist mein erster Roman und ich finde, er passt sehr gut in den Wittgenstein Verlag.

Mein Wunsch ist es auch, die Seele meiner Leserinnen und Leser zum Lächeln zu bringen, womit sich der Kreis wieder schließt.

Mit vielen lieben Grüßen
Mina Urban

Nike Wolff

Wenn Engel sprechen ...

Als ich 2011 damit anfing, Skulpturen meist menschlicher Gestalt aus Holzfundstücken zu machen, ergab es sich, dass ich nach und nach immer mehr Engel produzierte.
Ich begründete dies damit, dass sich die Engelsgestalt förmlich anbot, um sie aus den Materialien, die ich zusammensuchte, herzustellen, denn so ein Engel mit seinen Flügeln macht etwas her. Außerdem kamen die Engel gut an, und mir fiel auf, dass viele Menschen von Engeln auf irgendeine Weise angetan sind.

Jede Figur, jeder Engel, ist einzigartig. Ich könnte keinen noch einmal so herstellen, da alle Teile wie Holz und Steine bis hin zum gedrehten Drahtkopf einmalig sind.
Beim Herstellen der Engel bemerkte ich, dass ich oft, wenn mir ein Teil abbrach, ein Stein durchbrach oder irgendetwas schief ging, nach kurzem Aufbrausen ruhig war und ich dabei jedes Mal dachte, dass das, was passiert war, genau so sein sollte. Es war, als ob ich etwas zusammenstellte, das zusammengestellt werden wollte, das einen Platz suchte – bei irgendjemandem.

Manche Engel strahlten für mich etwas so Besonderes aus, dass mir zu ihnen ein Text einfiel. Ich malte und machte immer mehr Engel – aus Papier und aus Holz, kleine und große, leichte und schwere, ohne je eine besondere Beziehung zu Engeln gehabt zu haben – zumindest keine gefühlte. Ich tat es einfach, schrieb Texte, um sie an Menschen weiterzugeben, als Trost, um Mut zu machen.
Um die Texte zu schreiben, brauchte ich nur Zeit, Ruhe, ein Thema, Papier und einen Stift. Die Texte schrieb ich auf, aber ich wunderte mich oft, wer sie mir in den Sinn schrieb. Manchmal verstand ich sie selbst nicht. Erst nach langer Zeit und nach und nach wurde mir klar, dass weder die Texte noch die Engel mein Werk waren. Und mir wurde bewusst, dass die, die mich als Werkzeug ausgesucht hatten, froh waren, dass ich es tat.
Vor allem aber zeigten sie sich nach und nach, wenn ich mein Herz (manche nennen es den inneren Garten, das Innerste, die Seele) in einer stillen Zeit (auch Gebet, Meditation, innere Einkehr genannt) aufsuchte. Ich konnte mit ihnen reden, ihnen zuhören.

Die innere Einkehr ist für mich wie eine kleine Reise geworden – in eine andere Dimension. Dazu nehme ich mir immer wieder Zeit in der Stille. Nicht, wenn der nächste Termin in zwanzig Minuten wartet. Nicht, wenn ich weiß, dass ich wahrscheinlich gestört, angerufen oder gerufen werde.

Wenn ich die nötige Zeit und Ruhe habe, setze ich mich bequem, aber möglichst gerade hin, die Füße auf dem Boden. Wer schon einmal ein 3-D-Bild betrachtet hat, weiß, dass man manchmal ziemlich lange braucht, um zu erkennen, was in dem Bild versteckt ist – bis es dann endlich auf einen zukommt, heraustritt. Es ist manchmal schwierig, die Augen auf diese Ebene des Sehens zu bringen.
So ähnlich ist das Gefühl der inneren Einkehr. Ich versuche, mit tiefem Ein- und Ausatmen erst einmal abzuschalten, alles loszulassen, was mich gefangen nimmt und durch den Atem alles Positive, alle Kraft, die mir geschenkt wird, aufzunehmen, um auf die Ebene meines Herzens zu kommen. Wenn meine Füße gefühlsmäßig Wurzeln gebildet haben und mein Kopf sich himmelwärts geöffnet hat, stelle ich mir vor, wie ich in mein Herz (wie auch immer das aussieht: eine Kammer, ein Garten, eine weite Fläche) gehe.
Ich schaue mich um. Frage mich, was ich sehe, was ich spüre. Und halte diese Bilder kurz fest. Habe ich Erwartungen an das, was passieren soll, ist das hinderlich. Ich bin der Abwartende, der Geduldige, der eher Passive … ich muss es sein … ich will es sein. Es ist wie ein Umschalten in eine andere Welt. Alles ergibt sich hier von allein. Wenn sich nichts ergibt, ist es auch gut. Es ist wie ein Film. Manchmal beginne ich zu reden, manchmal werde ich gerufen, manchmal ist es ein Stummfilm, manchmal bunt, manchmal nur schwarzweiß – egal. Ich bin bereit, zu sehen und zu hören und lasse geschehen, was geschehen soll.
Schreibe ich es hinterher auf, vertiefe ich das Gefühlte noch einmal und kann es später (auch aus einem anderen Blickwinkel) noch einmal nachlesen und Stück für Stück mehr begreifen.

Ja, es gibt sie, die Engel. Und man kann ihnen zuhören. Wenn sie sprechen, hört das Herz zu, und trotz der Aufregung wird man ruhig, trotz der Anspannung gelassen. Man kann sich fallen lassen, denn man weiß, dass man aufgefangen wird.

...

Und Gott ließ die Engel ein Netz bilden,
damit sie dich auffangen, wenn du fällst,
so wertvoll warst du für ihn.

...

Wer ist nicht schon einmal an einem Bettler vorbeigegangen und hat ihm nichts gegeben?
Für mich ist es eine unangenehme Situation. Am liebsten mache ich einen weiten Bogen um ihn oder sie herum, in der Hoffnung, der Abstand sei groß genug, um mein Innerstes (sprich: Gewissen) nicht anspringen zu lassen. Meist klappt es nicht. Wenn ich ihn oder sie erst einmal gesehen habe, fängt der Film an. Nein, es ist kein Film, eher eine Diskussionsrunde: Soll man einem Bettler nun etwas geben oder nicht? Jede Menge Gründe für und wider lassen sich anführen. Doch letzten Endes bleibt bei mir (nicht immer, aber oft) ein unbehagliches Gefühl, wenn ich nichts gebe.
Doch auch, wenn ich etwas gebe, spüre ich eine Art Befangenheit. Ich scheue mich davor, mich intensiver mit meinen Gedanken zu beschäftigen, mit der Situation des Bettlers, mit meiner eigenen Situation. Und bin froh, wenn ich ihn oder sie dann hinter mir lasse, der Abstand größer wird. Ich bin erleichtert, die Betroffenheit schwindet.
Nun zu den Gründen, Pro und Contra, obwohl sie eigentlich gar keine Rolle spielen, wenn ich spüre, was mein Herz sagt. Oft sagt es: Gib etwas! Und mein Gewissen meldet sich, wenn ich vorbeigehe.
Das erste Contra, das mir in den Sinn kommt: Er oder sie will mich und mein Gewissen nur ausnutzen, ohne wirklich bedürftig zu sein. Natürlich gibt es Menschen, die nicht betteln, sondern genau dieses tun: ausnutzen, kalkulieren .... Aber habe ich den feinen Unterschied beim Vorbeigehen nicht erkannt? Vielleicht nicht immer, das wäre anmaßend. Aber mein Gewissen, mein Herz, scheint intuitiv oft mehr zu wissen als meine Vernunft.
Der nächste Grund: Der sitzt da nur rum, tut nichts, und wie viel wird er am Tag wohl dafür bekommen? Wahrscheinlich bekommt er oder sie fürs Rumsitzen und Nichtstun mehr als ich für ...
Meine eigene Situation spielt hier eine große Rolle. Wenn ich meine Arbeit nicht liebe und mich Tag für Tag quäle, um mein Auskommen zu haben, kommen mir diese Gedanken sofort. Geht es mir dagegen gerade gut und bin ich zufrieden mit dem, was ich tue und habe, spüre ich auch das im Vorbeigehen. Bin dann auch freigebiger.
Ja, tut er denn gar nichts, der Bettler? Dann könnte ich es ja auch so machen! Würde ich das tun? Nein, natürlich nicht. Tut er tatsächlich nichts? Doch, er tut etwas, was sehr wenige imstande sind zu tun: Er geht den untersten Weg. Er outet sich, entblößt sich, entwürdigt sich. „Die Würde des Menschen ist unantastbar", heißt es als allererstes in unserem Grundgesetz. Ist das, was er wagt zu tun, also nichts? Regt er nicht eine Vielzahl von Passanten an zu einer kurzen Einkehr, zu einem kurzen Gespräch mit sich selbst, mit dem eigenen Gewissen, mit Gott oder einfach mit seiner Begleitung? Und kommt das nicht irgendwie der Arbeit mancher Menschen (Psychologen, Priester, Schriftsteller) nah? Ob ich mich darauf einlasse, ist eine andere Sache.
Ist das also nichts? Er liefert ein Bild, eine Situation, etwas zum Nachdenken in unserer schnellen Zeit, wo es doch meist um Oberflächlichkeiten wie den Kauf eines noch besseren ... und weiteren ... und noch aktuelleren ... geht.
Ohne etwas zu sagen, spricht er Bände. Ohne aufdringlich zu sein, kommt er mir sehr nah. Ohne mir zu nahe zu treten, berührt er mich bis ins Herz.

Foto: © Halfpoint - Fotolia.com

Nike Wolff

DER BETTLER

Da, wo niemand Zeit hat, sitzt er, den ganzen Tag, nichts tuend und schreit schweigend in die Welt hinaus: Nehmt Euch Zeit! Denkt mal nach! Denkt mal an andere, über andere nach … aber auch über Euch! Tut nicht so, als könntet Ihr alles planen! Teilt …! Und zeigt uns, dass wir doch noch ein Gewissen haben!
Für all das, was er mit seinem Nichtstun tut, allein für das unbequeme Gefühl, das er mir übermittelt, müsste er reich belohnt werden. Was wäre eine Welt ohne Bettler? Sie sind wie bescheidene Gurus, die mit dem zufrieden sind, was sie freiwillig bekommen.
Ja, er tut viel, der Bettler.
Er ist imstande, von der Gesellschaft ausgeschlossen zu leben, vielleicht sogar auf der Straße, ohne Zuhause. Er hat gelernt, auf die Meinung der Leute nichts zu geben. Und er lebt – egal, wie man darüber redet. Er hat vielleicht viel mehr Erfahrung als so mancher gut gekleidete Passant. Er hat Dinge erlebt, Menschen kennengelernt, ist seinen Weg gegangen, ist gereift, so wie wir an ihm ein Stück reifen können.
Was weiß ich schon über diesen einen Menschen?
Nur, dass er wertvoll ist, mit dem was er tut, mit dem was er ist und wie er ist.
Er vermag es, zu berühren.

Preisrätsel

Einsendeschluss: 31.01.2016

Teilnahme ab 18 Jahren (ausgenommen Mitarbeiter und Angehörige des Wittgenstein Verlags, der beteiligten Unternehmen, sowie Gewinnspielagenturen). Alle richtigen Einsendungen nehmen an der Verlosung teil. Der Rechtsweg ist ausgeschlossen. Ihre Daten werden nicht weitergegeben und lediglich für das Gewinnspiel genutzt. Die Gewinner werden benachrichtigt und mit Nachname und Wohnort veröffentlicht. Dieser Veröffentlichung stimmen Sie mit Ihrer Teilnahme zu.

1. Deutsche Bezeichnung für Death Valley
2. „Der Tod sitzt im Darm" Was kann man dagegen tun?
3. Was sind Worte?
4. Giftpflanze
5. Samtpfote
6. Welches Tier hat keine Kiemen und lebt trotzdem unter Wasser?
7. Was schafft Siegeskraft?
8. Die Gegensätze in der Natur bilden ein ...
9. Höchstes Gut, findet oft erst Beachtung, wenn es nicht mehr da ist
10. Was entsteht im Endeffekt durch Sonneneinstrahlung auf Weltmeere, Seen und Flüsse?
11. Gegenteil von Mangel
12. Ursprüngliche Nutzung des KunstMuseum Donau Ries in Wemding
13. Bei wessen Erforschung kann man die Wahrheit über Lebenszyklen und Klimaentwicklung erfahren?
14. Vogel mit türkisem Gefieder, auch als „fliegender Edelstein" bezeichnet
15. Vielseitiger Heilstein

Die Lösungsworte ergeben sich von oben nach unten gelesen im rotmarkierten Bereich und haben einen starken Einfluss auf unser Leben.

Lösungsworte
Vorname
Nachname
Straße und Hausnummer
Postleitzahl, Wohnort
Wo erhielten Sie das Wittgenstein Magazin?

So nehmen Sie teil:

Nebenstehenden Coupon ausfüllen, ausschneiden und senden an:

Wittgenstein Verlag
Schloßplatz 3
86685 Huisheim

oder

per E- Mail senden an:
info@wittgenstein-verlag.de

oder

das Formular verwenden auf unserer Website:
www.wittgenstein-verlag.de
(unter: Wittgenstein Magazin)